ahn

JENSEITS DER ODER

MÄRKISCHE MINIATUREN

Im vorliegenden Buch
sind Beiträge von
Hans Bentzien veröffentlicht,
die für eine Sendereihe der

verfaßt worden sind.

HARRO HESS
Hrsg.

JENSEITS DER ODER

STREUSANDBÜCHSE UND EINE VORTEILHAFTE ERWERBUNG

MÄRKISCHE MINIATUREN

VON

HANS BENTZIEN

WESTKREUZ-VERLAG

Titelfoto: Marktplatz von Küstrin um die Jahrhundertwende

Rücktitel: Seenlandschaft bei Schmolzin

Bildquellenverzeichnis:
Archiv Hess S. 31; 45; 52; 63; 66; 71; 83; 101; 104; 126
Archiv WESTKREUZ-VERLAG S. 31
Bundesarchiv Koblenz S. 93
Fotothek Dresden S. 59
Glaser S. 11
Hess S. 15; 22; 75; 97; 109; 115
Katalog „Preußen, Versuch einer Bilanz": S. 25; 41; 87; 122
Sammlung SKH Louis Ferdinand Prinz von Preußen, Burg
Hohenzollern: S. 48; 79; 89

Titelfoto: Hess

Rücktitel: Hess

Die Deutsche Bibliothek – CIP Einheitsaufnahme:

Bentzien, Hans:
Jenseits der Oder: Streusandbüchse und eine vorteilhafte
Erwerbung; Märkische Miniaturen /
von Hans Bentzien. – Bad Münstereifel:
Westkreuz-Verl., 1998
ISBN 3-929592-37-1

Inhalt

Vorwort

Mit dem Büchlein „Jenseits der Oder" legen wir
den dritten Band in gemeinschaftlicher Heraus-
gabe vom Ostdeutschen Rundfunk Brandenburg
und dem Westkreuz-Verlag vor. Hans Bentzien
hat sich mit seinen historischen Skizzen absicht-
lich den Gebieten jenseits der Oder zugewendet,
die seit dem Ende des Zweiten Weltkriegs zu
Polen gehören, die, wie er es apostrophierte, durch
die Herrschaft der Nationalsozialisten und den
angezettelten Zweiten Weltkrieg verspielt worden sind.

Jenseits der Oder spielte sich aber bis zu dem Zeit-
punkt deutsche Geschichte ab. Auch dort lebten
bedeutende Geistesgrößen, und wie zu beweisen
ist, entwickelte sich in diesen damaligen Landes-
teilen ein bedeutender Kern des deutschen Wider-
stands gegen Hitler. Bis zur Wende in Osteuropa
und in der damaligen DDR war das Thema der
deutschen Geschichte in der Neumark, in Ostpreußen und Schlesien gewissermaßen ein Tabu.
In den Schulen wurde die Geschichte vor 1945
totgeschwiegen oder einfach gefälscht. In Polen
wurde mit der Diskussion über die Deutschen vor
1945 meist „Revanchismus" postuliert. Den Her-
anwachsenden in der DDR wurde suggeriert,
daß die von Polen nach dem Krieg besiedelten
Gebiete immer polnisch gewesen seien, und nach

7

1945 der Rechtsanspruch Polens auf diese Regionen erfüllt worden sei. Kein Wort erfuhr man über die Vertreibung und Umsiedlung aus der Ukraine in die entvölkerten Gebiete östlich der Oder.

Das Interesse an der Geschichte jenseits der Oder erwies sich als ungebrochen, als mit der Wende 1989 die Fakten der Geschichte offengelegt wurden. Auch die polnische Bevölkerung zeigte danach ein wachsendes Interesse an der deutschen Vorgeschichte, sie wollte nicht auf geschichtslosem Boden leben. Viele gemeinsame Unternehmungen um die historischen Abläufe aufzuklären, spiegeln dieses Bedürfnis wider. So erklärt sich auch der Zuspruch zu den Sendungen von Hans Bentzien, die zumeist auch in öffentlichen Veranstaltungen in der Oder-Region aufgezeichnet wurden. Ich empfehle polnischen und deutschen Lesern die Lektüre dieses dritten Buches zur Sendung als einen Versuch der weiteren Verständigung mit dem jeweiligen Nachbarn.

Dr. Harro Hess
Herausgeber

Die Neumark

Mit enger gewordenen wirtschaftlichen und kulturellen Beziehungen, dem langsam wachsenden Tourismus und dem lebhaften Grenzverkehr mit dem Land östlich der Oder taucht wieder häufiger der Name „Neumark" auf. Er ist ursprünglich zur Unterscheidung des ersten, alten Teils der Mark, der Altmark, entstanden. Darunter versteht man das Land westlich der Elbe und nördlich von Ohretal und Drömling. Dort saßen vor der Völkerwanderung die Langobarden, östlich der Oder die Burgunder. Bei deren Zug nach Westen rückten die slawischen Stämme nach, wurden aber Mitte des 10. Jahrhunderts von Markgraf Gero deutscher Herrschaft unterworfen, wehrten sich mit Aufständen dagegen und wurden wieder unterworfen. Als Albrecht der Bär Mitte des 12. Jahrhunderts die Prignitz und das Havelland eroberte, war die Basis für ein weiteres Vorgehen der deutschen Stämme nach Osten gewonnen.

Es dauerte noch hundert Jahre, bis die Eroberung des Ostens zügig vorangehen konnte. Barnim, Teltow und Uckermark wurden erobert, dann folgte 1260 die Neumark und gleichzeitig mit ihr die Lausitz. Die Eindeutschung der Mark Brandenburg erfolgte mit dem Kreuz und dem Schwert, mit Städte- und Klostergründungen und der nachfolgenden bäuerlichen Besiedlung. Durch die inneren Wirren in Brandenburg gingen die östlichen Gebiete teilweise wieder verloren. Bald nach der Erwerbung der Neumark durch die Askanier, die Vorläufer der Hohenzollern in Brandenburg, hatte König Sigismund diesen Landstrich an den Deutschen Orden verpfändet (1402). Fünfzig Jahre nach dem Einzug der Hohenzollern in Brandenburg kaufte Kurfürst Friedrich II. (reg. 1440–1470) ihn wieder zurück.

Sechsunddreißig Jahre lang wurde die Neumark sogar selbständig regiert. Der jüngere Bruder des Kurfürsten Joachim II. (reg. 1535–1571), Markgraf Johann von Küstrin, errichtete ein strenges Regime. Er galt als mißtrauisch und hart. Sein Wahlspruch, der sogar über seiner Schlafzimmertür im Schwedter Schloß angebracht gewesen sein soll, lautete: „Unter Tausenden trau' kaum Einem recht, bis du erkannt ihn treu und echt!"

Im Gegensatz zu seinem zögerlichen Bruder entschied er schnell und setzte dann seine Entschlüsse auch bald durch. Einfach und sparsam gestimmt, wandte er sich bald der Refor-

Junge Leute beider Länder. Bereits (unvoreingenommen und) freundschaftlich verbunden?

mation zu und führte sie in diesem Landesteil der Kurmark alsbald ohne Zaudern ein. Nach beider Tod im Jahre 1571 aber wurde die Trennung des Landes glücklicherweise wieder aufgehoben.

Die Teilung des Landes in getrennte Herrschaften verstieß eindeutig gegen das Hohenzollersche Hausgesetz, die Dispositio Achillea (1473), daß die Mark Brandenburg als unteilbares Gut an den erstgeborenen Sohn vererbt werden sollte, um eine mögliche Zersplitterung zu vermeiden.

11

Geographisch gesehen umfaßt das Gebiet der Neumark die Moränenlandschaft nördlich des Warthe-Netze-Bruchs bis hin zum Pommerschen Landrücken, der Wasserscheide, umfaßt also das Gebiet zwischen Schlesien und Pommern. Heute gehört sie, zusammen mit einigen Teilen der Lausitz, hauptsächlich zu den polnischen Woiwodschaften Zielona Góra (Grünberg) und Gorzow (Landsberg/Warthe).

Wenn wir die Sehenswürdigkeiten jenseits der Oder besuchen, in einer Kirche der Orgel oder dem Orchester lauschen, an Volksfesten teilnehmen oder einfach nur auf dem Markt gutes Gemüse kaufen, dann mag uns in den Sinn kommen, daß dieses Land östlich der Oder von dem Land westlich des Flusses garnicht so unterschiedlich ist. Es bedarf heute auf beiden Seiten keiner ideologischen Klimmzüge mehr, die Geschichte im vermeintlich nationalen Interesse zurechtzubiegen. Das größer werdende Europa, die angestrebte Euro-Region, wird im nächsten Jahrhundert die Menschen, die Märkte, die Kulturen viel enger verbinden, als wir es uns heute noch vorstellen können. Die Hoffnung auf friedliches Zusammenleben ist stärker geworden.

Streusandbüchse

Sicher sind wir Brandenburger die Nachwohner der Bevölkerung in der „Streusandbüchse des Hl. Römischen Reiches Deutscher Nation", wie unser Land schon zu Vorzeiten genannt wurde. Doch kulturhistorisch uninteressant ist wegen des Sandbodens unser Land noch lange nicht. Die frühgeschichtlichen Fundstellen beweisen eine hochstehende, ästhetisch anspruchsvolle Architektur, in deren Mauern geistiges und künstlerisches Leben geherrscht hat wie anderswo auch.

Gewiß, die germanischen Semnonen gingen in der Völkerwanderung nach Westen (500). Ihnen folgten die slawischen Obotriten, Lutizen, Heveller und Sorben in unser Gebiet nach. Ihre Anwesenheit dauerte mehrere hundert Jahre. Im 10. Jahrhundert hatten sich dann die feudalen Machtverhältnisse in Europa durchgesetzt. Karl der Große (um 800) begann mit der Ausdehnung seines Machtbereichs, mit der sogenannten feudalen Ostexpansion durch die Feldzüge gegen die Wilzen (789). Es folgte Heinrich I., der die Hevellerfestung Brennabor eroberte (928/929), Otto I. (936 bis 973) schickte seinen Markgrafen Gero mit dem Auftrag, das Land zwischen Elbe und Oder zu unterwerfen, das seit dem 12. Jahrhundert die Nordmark des Reiches bildete. Bereits Mitte des 10. Jahrhunderts waren die beiden Bistümer Brandenburg und Havelberg gegründet worden. Aber bald danach (983) sah das Land die alten Besitzer, die Slawen, wieder. Sie hatten es zurückerobert und die Zeichen des christlichen Gottes zerstört. Nun war den Deutschen der Weg nach Osten für 150 Jahre versperrt.

Dann begannen unter Albrecht dem Bären die Kämpfe erneut, die Prignitz wurde erobert, dann die westliche Mittelmark, und nun nannte sich Albrecht „Markgraf von Brandenburg". Unter seinen Nachfolgern ging die Unterwerfung der östlich gelegenen Landstriche weiter, um 1231 war auch die Lehenshoheit über Pommern erreicht, die Kaiser Friedrich II. den Askaniern übertrug. Sie beherrschten ein großes Gebiet, von Wolmirstedt und Salzwedel bis Danzig und Stolp, von Pasewalk im Norden bis Bautzen und Görlitz im Süden. Die Askanier und ihre Nachfolger, die Wettiner und Schauenburger, holten eifrig Siedler ins Land.

Im 12. und 13. Jahrhundert wurden in der Mark rund 100 Städte gegründet, die meisten der heute bekannten Dörfer stammen ebenfalls aus dieser Zeit. Als man in der Berliner

Dom zu Havelberg

Nikolaikirche grub, fand man die Bestätigung: Bereits im 12. Jahrhundert gab es hier Niederlassungen. An der heutigen Mühlendammbrücke kreuzten sich zwei alte Handelsstraßen. Das gab den Ausschlag für die zentrale Lage Berlins, das wenig später Stadtrecht erhielt und Mittelpunkt des märkischen Städtebündnisses wurde.

Die Klöster und großen Kirchen ergänzten das Handelsleben der Städte durch rege religiöse, aber nicht nur dem Himmel, sondern auch der irdischen Wohlfahrt dienende Aktivitäten. Neben der Backsteingotik bedeutender Bauten finden wir aus dieser Zeit noch die vielen Feldsteinkirchen in den Dörfern, die uns heute so manches Erhaltungsproblem bereiten. Obwohl sie oftmals keine Gemeinde mehr haben, sind sie doch unverzichtbare Zeugen der alten Zeiten.

Diese waren alles andere als geordnet, sondern müssen vielmehr chaotisch genannt werden, jedenfalls solange die Wittelsbacher und die Luxemburger die Mark nur als Geldquelle ansahen. Als die Hohenzollern in die Mark gerufen wurden (1411), waren alle Burgen – außer Spandau – verpfändet. Die „harte Hand" Friedrichs I. und seiner Nachfolger befriedeten das Land und riefen die Raubritter zur Ordnung. So ließ Kurfürst Johann Cicero die Köpfe einiger Raubritter auf die eisernen Stangen des Köpenicker Schlosses aufspießen, und ein bewaffneter Fängertrupp durchstreifte das Land. In einem Jahr werden von ihm 70 Raubritter an die Straßenbäume zur Warnung gehängt als „Schelme, Mörder, und Räuber".

Allerdings hatten sie es damals leichter diese zu erkennen als wir deren Nachfolger, die Vereinigungskriminellen und Abzocker, heute.

Hussiten in der Neumark

Auf dem Konzil von Konstanz 1417 wurde der Hohenzoller, Burggraf Friedrich, zum ersten Kurfürsten von Brandenburg ernannt. Wer aber denkt daran, daß auf eben dem gleichen Konzil der als Ketzer angeklagte Jan Huß verbrannt wurde? Trotz des Verlusts ihres charismatischen Anführers ließen die Hussiten nicht nach, ihre Lehre zu verbreiten. Sie tauchten nicht nur vor Bernau und anderen brandenburgischen Städten auf, sondern auch im fernen Preußen, sprich Ostpreußen. Im ewigen Zwist zwischen dem Deutschen Orden und Polen war 1433 eine Waffenstillstandsfrist abgelaufen. Man hatte sich in dieser Zeit nicht einigen können, selbst der Papst und das Basler Konzil hatten es versucht, und „folgerichtig" stellte man neue Heere auf.

Dem Deutschen Orden kamen die Landsknechte zu Hilfe, doch sie waren nur auf den Sold, nicht aber aufs Kämpfen aus. Lediglich die Feste Polzin eroberten sie, da hier nur allerhand Gesindel sich des Ortes bemächtigt hatte. Das konnten sie leicht verjagen.

Die Polen aber wandten sich an die Hussiten, die ruhelos umherzogen. Mit ihren beiden Anführern, Prokop dem Kleinen und Prokop dem Großen, kamen wohl an die 5000 hussitische Streiter zu Fuß mit ihren Wagenkolonnen, brachen in die Neumark ein und legten 13 Städte in Asche. Das zeigte Wirkung. Arnswalde und die Herren von Wedel ergaben sich und schworen den Ketzern und damit dem Polenkönig ewige Treue. Dann rannten die Hussiten vier Wochen gegen die befestigte Stadt Konitz an, konnten sie aber nicht einnehmen. Das ermutigte die Lehensritter und Söldnerritter – die gab es auch –, und sie schlugen zu Schwarzwald unter dem Ordensmarschall Jodok Strupperberger ihr Lager auf. Aber was auch der Grund gewesen sein mag, das Lager löste sich wieder auf und zerstreute sich in alle Winde.

Nun war der Weg frei. Die Hussiten drangen in das Land ein, ganz Pommerellen wurde verheert, und bald standen sie vor Danzig.

Hier stieg ihr Anführer Zcepko in die Ostsee und rief seinen Gefährten zu: „Seht, meine Brüder, da bin ich nun ans Ende des festen Landes gekommen und kann wegen der See nicht noch weiter vorwärts!" Und wie zum Beweis, ließ er einige Gefäße mit Meerwasser füllen und nahm sie nach Böhmen mit.

Marienkirche in Arnswalde/Choszczno

Gegen die Hussiten war so leicht kein Kraut gewachsen. Nur die Bürger der Stadt Bernau besiegten sie – mit Bier! Sie ließen einen Kutscher mit einigen Fässern wie zufällig in das Lager der Hussiten fahren, und den Rest können wir uns denken.

Wir sehen aus diesem Feldzug einmal mehr, daß Brandenburg und Preußen begehrte Lande darstellten und mancherlei Feinde anlockten.

19

Das Land der Pruzzen und Preußen

Wo die einheimische Bevölkerung der Pruzzen wohnte, war Preußen. Das spätere Land Preußen war ursprünglich nur die deutsche Übersetzung von „Land der Pruzzen". Der Name hatte sich im 17. Jahrhundert als „Brandenburg-Preußen" für das gesamte Staatsgebiet durchgesetzt, und das ursprüngliche Preußen war jetzt als Randgebiet die Provinz Ostpreußen, wie wir sie heute noch kennen. Es ist ein wunderschönes, stilles Land, besitzt lange Küsten mit einsamen Nehrungen, die bekannten Heidegebiete um Rominten, die Masurischen Seen, das Weichsel- und das Memeldelta als typische Niederungslandschaften.

In die Geschichte trat Preußen erst im Hochmittelalter ein, in der Mitte des 13. Jahrhunderts, zur Zeit der Ostkolonisierung , als es von Deutschen besiedelt wurde, die unter dem Schutz des Deutschritterordens das eroberte Land bestellten. Die Pruzzen (oder auch Prussen) hatten sich standhaft der Christianisierung widersetzt und an den alten Göttern festgehalten. Herzog Konrad von Masowien rief den Ritterorden, der mit Zustimmung des Papstes einritt und seinen Staat gründete. Der Ordensstaat hielt nur 300 Jahre, bis er an seinen Kriegen unterging. Nach der

Niederlage von 1410 bei Tannenberg begann die Verkleinerung des Gebietes. Westpreußen und das Ermland gingen an Polen verloren.

Der letzte Hochmeister, Albrecht von Brandenburg-Ansbach, säkularisierte den Reststaat, schloß sich der Reformation an und übernahm vom Polenkönig Sigismund im Jahre 1525 das Herzogtum als Lehen. Erst 1657 beendete der Große Kurfürst dieses Abhängigkeitsverhältnis, die Herzöge von Brandenburg waren nun auch Herzöge von Preußen. So kam es, daß der Kaiser als Belohnung für die Kriegsdienste der Brandenburger, Kurfürst Friedrich III. erlaubte, sich als Friedrich I. König in Preußen, zu krönen. Danach ging der Name ausschließlich auf den ganzen Staat über, bis Friedrich II. sich König von Preußen nannte.

Das Schicksal Ostpreußens war wechselhaft. Im Siebenjährigen Krieg war es vier Jahre von den Russen besetzt. Anfang des 18. Jahrhunderts war das Land durch eine mörderische Pestepidemie fast ganz entvölkert. Im Jahre 1732 kamen rund 15 000 evangelische Salzburger, die wegen ihres Glaubens verfolgt wurden, als Siedler ins Land und stellten eine bedeutende wirtschaftliche Kraft dar. Und in der Zeit tiefster Not, nach der Niederlage

Burg Trakai am Galve See

Preußens 1806, wurde Ostpreußen zur letzten Zuflucht für die preußische Regierung. – Im weiteren blieb die Provinz ein Agrarland von hoher Produktivität, besaß aber mit Königsberg auch ein bedeutendes wirtschaftliches und geistiges Zentrum.

Im Ersten Weltkrieg drang die russische Armee ein, wurde bei Tannenberg gestoppt, doch 1918 verlor das Land das Memelgebiet und dazu seine Verbindung mit dem Reich durch die Einrichtung des Polnischen Korridors. Um diese Frage begann der Zweite Weltkrieg, der den schwierigsten Abschnitt der

Geschichte Ostpreußens einläutete. Rings um den Mauersee lagen die Kommandostäbe der Wehrmacht. Die WOLFSSCHANZE (OKW), die Oberkommandos des Heeres, der Luftwaffe, der SS, die Luftabwehr und viele andere. 1944/45 wurde das Land durch die Kämpfe weitgehend zerstört, viele Bewohner flohen oder wurden vertrieben.

Heute ist das Gebiet um Königsberg/Kaliningrad unter russischer und der südliche Teil Ostpreußens unter polnischer Verwaltung. Es ist jetzt möglich, dorthin zu reisen und das Land von Kopernikus, Gustav Robert Kirchhoff, Emil von Behring, Immanuel Kant, Johann Gottfried Herder, E. T. A. Hoffmann, Arno Holz, Lovis Corinth und Käthe Kollwitz zu schauen und vielleicht dazu ein Liedchen zu pfeifen von Otto Nicolai oder Walter Kollo.

Das Ende des Deutschen Ordens

Daß aus der Bezeichnung „Mark Brandenburg" der Name Brandenburg-Preußen und ab
1701 einfach nur „Preußen" als Staatsbezeich-
nung geworden ist, verdanken wir einem
Ereignis, das sich im Ordensland Preußen
(also in Ostpreußen nach neuerer Lesart)
abspielte.

Der 34. Hochmeister der Deutschritter, der
das Land für den christlichen Orden damals
regierte, änderte dessen Politik und wollte
noch einmal mit Polen in Streit und Krieg tre-
ten. Es war Markgraf Albrecht von Ansbach,
er stammte aus einer Nebenlinie der brandenburgischen Hohenzollern. Ein zeitgenössi-
scher Chronist teilt uns den Vorgang und sein
Ende mit:

„Albrecht war wohlgelehrt, ein junger Mann
noch, sah schwarzgräulich aus und schielte. Er
wollte auch nicht dem König von Polen huldi-
gen und schwören, obwohl er seiner Mutter
Bruder war, davon kam viel Arges. Er ließ viel
Böses, Räuberei, Totschlag und Brand von seinen Untertanen jenseits der Grenzen geschehen. Zu Krieg und Fehde stand all sein Sinn
und Gemüt, besonders gegen den König von
Polen ... Im Jahre 1519 ward dem Hoch-

24

Wappenschild der Deutschordensritter und Hochmeisterkreuz

meister von der Krone Polens der Krieg erklärt. Am Neujahrstag nahm der Hochmeister persönlich Braunsberg ein. Da kam über Preußen großer Jammer, Mord, Brand, Zerstörung von Schlössern, Städten, Land und Leuten."

Trotz des Anfangserfolgs konnte der Deutsche Orden die polnischen Ritter nicht schlagen. Nach vier Jahren kam es zu einem Vorfrieden, also zu einem Waffenstillstand.

„Da zog der Hochmeister nach Deutschland und suchte bei Herren und Fürsten Rat und Beistand und konnte von ihnen keine Hilfe erlangen. Und als er zuletzt sah und hörte, daß es nicht anders sein konnte, zog er zu König Sigismund von Polen und unterwarf sich mit seinem Lande der Krone Polens und huldigte ihr und legte den Treueid ab. Er legte das Kreuz mit seinem Adler ab und nahm sich ein anderes Wappen mit einem anders gestalteten Adler, nicht wie ihn der Orden gehabt, und folgte der Lehre Martin Luthers mit seinem ganzen Lande. Als nun dieser Hochmeister weltlich geworden war, ward ihm Herzog Friedrich von Holsteins Tochter angetraut und ihm im Sommer 1526 in Königsberg zur Frau gegeben."

Es dauert noch einige Zeit, nämlich bis zum Beginn des Dreißigjährigen Krieges, daß das Herzogtum Preußen fester Besitz der Hohenzollern wird. Albrecht war ein Hohenzoller, wenn auch aus der Nebenlinie Ansbach–Bayreuth. Sein Sohn, geisteskrank, bekam brandenburgische Kurfürsten zum Vormund. Das sicherte nicht automatisch einen Anspruch, da mußte mit Geld nachgeholfen werden. Brandenburg zahlte 300 000 Taler an den König von Polen – für ein Schnäppchen, würde man heute feststellen.

In Kurzfassung können wir sagen, daß der Ordensstaat in ein weltliches Herzogtum umgewandelt wurde, der Hochmeister wird 1525 Herzog in Preußen und Lehnsmann der polnischen Krone. Ein widerspruchsvolles Kapitel wird abgeschlossen, ein neues beginnt mit einer offen bekannten Kapitulation. So wurden damals Kriege beendet, man erklärte sich zum Verlierer und nahm die Folgen hin. Davon können kriegführende Parteien heute lernen, auf dem Balkan, in Afrika und anderswo. Werden sie es tun, bevor alles zerschlagen ist?

Naturnähe und inniges Gefühl

Wenn die deutschen Männerchöre das Gefühl übermannt, singen sie das zum Volkslied gewordene „Ännchen von Tharau". Und sie haben recht damit, denn diese Verse von Simon Dach gehören zu den schönsten Liebesbeweisen deutscher Sprache. Oder sind sie gar nicht von Simon Dach? Hat vielleicht sein Dichterkollege und -freund, Heinrich Albert, das Ännchen so sehr gemocht? Möglich ist es schon, denn beide gehörten zum Königsberger Dichterkreis, der in seiner lockeren und bieder-bürgerlichen, der Musik zugetanen Vereinigung auch das Vorbild für so manchen romantischen Dichterkreis gewesen sein könnte.

Die Verhältnisse in der ersten Hälfte des 17. Jahrhunderts waren für die schlechtbezahlten, meist im Lehrerberuf ihr Geld verdienenden Dichter bedrückend. Der Dreißigjährige Krieg wütete im Land, Not, Elend und Tod überall, man hörte kaum eine gute Nachricht in der ostpreußischen Enge. Der in Memel 1605 geborene Simon Dach versuchte ihr durch das Studium in Königsberg zu entkommen, aber was blieb danach übrig, als Hauslehrer bei den Landadeligen zu werden. So ging es fast allen. Ihre soziale Aufgabe sahen sie in der Vermittlung zwischen Adel und Volk, aber das alles blieb lediglich Traum und Ideal. So geriet ihr dichterischer Ausdruck volksliedhaft, volkstümlich im Gelegenheitsgedicht und im Lied, gedacht zur allseitigen Lobpreisung der Natur und zur religiösen Erbauung.

Dennoch wäre es falsch, die Dichtung Dachs auf die formelhafte Festlyrik zu beschränken, im Gegenteil. Trotz aller Widrigkeiten der Gegenwart gab er den hoffnungsvollen Mut auf eine bessere Zeit nicht auf, pries die Natur, beklagte das Schicksal seines verwüsteten Vaterlands und nahm sich in den Kranken und Armen einen bis dahin vernachlässigten Gegenstand der Poesie an, welche er später als Professor an der Universität Königsberg vertrat.

Trotz aller bitteren Leiden sieht Simon Dach im Menschen den für das Gute und Schöne empfindenden Bruder. Er war wichtiger Vorläufer des Humanismus eines Johann Gottfried Herder, seines Landsmanns, der hundert Jahre später die Verständigung der Völker bei voller Ausprägung ihrer Nationalität vertrat. Simon Dach schämte sich der stimmungsvollen Verse nicht, die oft vorschnell als provinziell und kleinlich familiär abgetan werden.

Liest man seine kleine Liedersammlung „Chur-Brandenburgische Rose, Adler, Löw' und Szepter" aus dem Jahre 1661, zwei Jahre nach seinem Tod herausgegeben, dann findet man sehr wohl allgemeinmenschliche Themen und nationalen Gehalt und eine tiefe Sehnsucht nach einem friedlichen Leben.

Sein Mitstreiter Martin Opitz (1597–1639) war weltläufiger und als Diplomat weitgereist, später auch als Historiker am polnischen Hof tätig, in Diensten der Herzöge von Liegnitz und Brieg ebenso wie bei dem Gegner der Reformation, dem blutbesudelten Burggrafen von Dohna. Er kannte das Flüchtlingsleben, gejagt von den Truppen Wallensteins, obwohl geadelt vom Kaiser. Daher suchte er in der Geschichte die Antwort auf diese Widersprüche und fand sie in der ersten deutschen Dichtung mit historischem Inhalt, dem Annolied aus dem Jahre 1105, das er in deutscher Sprache herausgab. Sein „Buch von der deutschen Poeterei" untersucht die Einflüsse der anderen Sprachen auf das Deutsche und arbeitet die Möglichkeiten der deutschen Dichtung als Anleitung für seine Zeitgenossen deutlich heraus, wird auch dadurch ein Anreger für Simon Dach und seinen Kreis. Nur drei Jahre noch lebt er in Ruhe in Danzig, zu Lebzeiten schon als vielseitig und fruchtbar geachteter Schrift-

Simon Dach (1605–1659)

steller, dessen erstes deutsches Opernlibretto
zu einer Oper „Daphne" von Schütz, nach
einem italienischen Text, leider verschollen ist.

*Diese Männer im Jahrhundert des langen Kriegs
begannen mitten in Wirrsal und Not eine Sprache
zu sprechen, die dem deutschen Bürgertum
Selbstbewußtsein gab und ihm einen Weg aus der*

31

Abhängigkeit vom Adel zeigen wollte. Sie waren,
wenn auch oft in der Enge spießiger Verhältnisse
lebend, Wegbereiter eines toleranten Nationalbe-
wußtseins der Deutschen, und wohl gerade des-
halb, weil sie in engem Kontakt mit den anderen
Völkern und ihren Dichtern standen, diese kann-
ten und verehrten, aber nicht nachäfften oder
überheblich zurückwiesen. Ihre Leistung besteht
darin, daß sie weit vorausdachten und uns nach
mehr als dreihundert Jahren noch so manchen
Weg zeigen können.

Ännchen von Tharau ist, die mir gefällt,
sie ist mein Leben, mein Gut und mein Geld.
Ännchen von Tharau hat wieder ihr Herz
auf mich gerichtet in Lieb und in Schmerz.
Ännchen von Tharau, mein Reichtum, mein
Gut,
du meine Seele, mein Fleisch und mein Blut!

Würdest du gleich einmal von mir getrennt,
lebtest da, wo man die Sonne kaum kennt:
ich will dir folgen durch Wälder, durch Meer,
Eisen und Kerker und feindliches Heer.
Ännchen von Tharau, mein Licht, meine
Sonn'!
Mein Leben schließt sich um deines herum.
(Nach Simon Dach, 1637)

Kidnapping

Der Anschluß Preußens – sprich Ostpreußens – an Brandenburg verlief nicht ohne Widerstände. Unter Führung des Schöppenmeisters Hyronimus Roth aus Königsberg verlangte der Adel allerhand Vorrechte, und außerdem hatte er mit Polen wegen eines Anschlusses an das Königreich verhandelt, was der Große Kurfürst als Hochverrat ansah. So ließ er Meister Roth verhaften und verhören und schickte ihn lebenslang auf die Feste Peitz. Der Mitverschworene Oberst von Kalkstein entwich nach Polen und hielt sich in Warschau auf. Dort verhandelte er weiter über einen Anschluß an die polnische Krone.

Friedrich Wilhelm beschloß, ihn zu entführen. Sein Gesandter von Brandt nahm den Rittmeister von Barnstorf und drei handfeste Reiter in sein Haus und wartete auf einen Besuch von Kalksteins. Es dauerte viele Tage, bis er endlich zu einem Gespräch kam. Er teilte mit, daß der Fall auf dem Reichstag behandelt werden sollte, worauf Brandt nach einem Diener läutete, um einen Schluck darauf zu trinken. Herein aber stürzten die maskierten Häscher und verschnürten Kalkstein wie eine Mumie. In der Dämmerung ging es im Galopp davon.

Im Tagebuch des Rittmeisters heißt es: „Den ganzen Tag weitergejagt, am Abend den Kalkstein mit Wein und Fleisch gefüttert durch eine Klappe vorm Gesicht, daß uns das kostbare Paket nicht abscheide. Sind dann auch glücklich über Nebenwege, wo uns niemand vermutete, zuletzt nur noch des Nachts gefahren und hielten uns tagsüber im dichten Gebüsch verborgen, bis wir in der vierten Nacht die preußische Grenze überschritten. Erst jetzt haben wir den Verschnürten soweit ausgepackt, daß er seine Notdurft verrichten gekonnt, und waren von Herzen froh, als wir ihn endlich zu Memel abgeliefert. Bin dorten aber nicht alt geworden, sinte mir ein Wink zukommen, und ich zu Schiffe von Pillau nach Stettin gefahren, wo auch der Brandt sich eingefunden, und pflegten wir unsern Leib derzeit bei den Schweden, wo wir ob unseres Abenteuers großen Ruhm genießen".

Doch die Aktion hatte ein wenig rühmliches Nachspiel. Kalkstein wurde gefoltert und „wegen Eidbruchs, Hochverrats und Majestätsbeleidigung" zum Tode und zum Verlust seiner Güter verurteilt und durch das Schwert hingerichtet. Die Stände muckten auf: „In Kalkstein sind die Stände gleichsam torquiert (gefoltert) worden. Solche Schmach und Unehre ist den Ständen, so lange sie christliche Preußen heißen, nicht widerfahren. Dieser Flecken kann von keiner menschlichen Hand ausgetilgt werden".

Doch Friedrich Wilhelm kümmerte sich nicht um moralische Vorhaltungen. Roth und seine Gesellen hatten gegen ihn intrigiert und versucht, mit Polen und Schweden gegen Brandenburg vorzugehen. Sie wollten mit deren Hilfe eine ostpreußische Freiheit aufbauen. Ein „Vereinigtes Bedenken" stellte die Plattform dazu dar und lief auf Autonomie hinaus. Bei Streitigkeiten sollte Polen schlichten. Das brachte das Faß zum überlaufen, der Große Kurfürst konnte Extrawürste nicht gewähren und setzte seine „Regierungsverfassung" mit aller Härte durch.

Ein Verhalten, das auch an heutige Praktiken erinnert.

Zar Peter I. in Havelberg

Das heute sächsisch-anhaltinische Havelberg sah im Jahre 1716 ein für Preußen ungewöhnliches, da bedeutendes, diplomatisches Treffen. König Friedrich Wilhelm I., erst vier Jahre im Amt, empfing seinen ebenfalls noch reformfreudigen, königlichen Kollegen aus dem russischen Riesenreich. Es war – allen Opernliebhabern sei es ausdrücklich bestätigt – eben dieser Peter, der in Lortzings „Zar und Zimmermann" von seinem flanderischen Mädchen so melodienselig Abschied nimmt. Zu diesem wichtigen Gespräch der beiden Herrscher hatten England, Polen, Dänemark und Mecklenburg Beobachter entsandt.

Die beiden Monarchen berieten, wie man die Beziehungen ihrer Mächte in „beständiger und unzertrennlicher Freundschaft" gestalten könnte und versicherten sich ihrer gegenseitigen Zuneigung. Peter wollte, wie er erklärte, ewig in gutem Verständnis und Harmonie mit Preußen bleiben. Der Preußenkönig allerdings mischte einen kleinen Wermutstropfen in die Debatte, war doch eben bekannt geworden, daß der zaristische Thronfolger Alexej vor seinem Vater an den Kaiserhof Leopolds nach Wien geflohen war. Was aus diesem Schritt

werden konnte, war nicht abzusehen, so daß
Friedrich Wilhelm etwas vorsichtig mit Lie-
besbekundungen blieb.

Peter jedoch holte seinen Sohn zurück, stellte
ihn vor ein Gericht und ließ ihn zum Tode ver-
urteilen. Allerdings konnte das Todesurteil
nicht vollstreckt werden, weil Alexej unter der
Folter starb. Ob dieser bis dahin einmalige
Vorgang den preußischen König später veran-
laßt hat, gegen seinen aufmüpfigen Sohn ähn-
lich rigoros vorzugehen?

Der Zar war auf der Suche nach Anregungen
für die Reformen, mit denen er sein Reich mo-
dernisieren und nach Europa hin öffnen
wollte, bereits durch viele Länder gereist und
hatte in Preußen, dieses Mal nicht incognito,
bereits Königsberg, Frankfurt (Oder), Berlin,
Spandau, Wustermark, Halberstadt und Mag-
deburg besucht, und auf der Rückreise hielt er
sich noch in Aschersleben, Halle, Leipzig und
Dresden auf, bevor er nach Prag und Wien wei-
terreiste. Eine nachhaltige Wirkung hatte sein
Besuch in den Franckeschen Stiftungen in
Halle, der für die Staatsverwaltung Preußens
wichtigsten Universität des Landes. Sie hatte
Thomasius, Wolff und Leibniz in Rußland bekannt gemacht, und die bevorstehenden Bil-
dungsreformen in Rußland wurden durch

mehrere Studienbesuche russischer Gelehrter in Halle vorbereitet. Lomonossow ergänzte seine Studien bei Wolff, der allerdings von Friedrich Wilhelm des Landes verwiesen wurde, in Marburg. Von dieser Zeit ab nahm die „deutsche Rußlandkunde", wie die Slawistik damals genannt wurde, von Halle ihren Ausgangspunkt. Franckes Mitarbeiter Justus Samuel Schaarschmidt besuchte sogar Astrachan und das Kaukasusgebiet.

Nach dem Treffen wurde eine Brandenburgische Handelsgesellschaft in St. Petersburg eingerichtet. In der Altmark und in der Neumark webten fleißige Hände sehr viele Tuche für die russische Armee, die auf diese Weise jahrzehntelang viel Arbeit in manches Dorf diesseits und jenseits der Oder brachte. Der Zar zeigte sich generös und schenkte dem König einige seiner Leibeigenen mit überdurchschnittlichen Längenmaßen für sein Regiment der „Langen Kerls". Dieser revanchierte sich mit der Lustyacht „Die Krone" – und mit dem Bernsteinzimmer, das Peter so sehr gefallen hatte, als er im Berliner Schloß logierte. Bis heute wird es gesucht, wahrscheinlich umsonst, deutet doch alles darauf hin, daß es gegen Ende des Krieges im Königsberger Schloß, wohin es von Zarskoje selo bei

St. Petersburg durch nazistische Kunsträuber entführt wurde, verbrannte.

Zur Zeit hört man, daß die Stollen des Erzgebirges systematisch abgesucht werden. „Ganz sichere Indizien" sprechen in verschiedenen kleinen Orten für die Lagerung. Was soll die Hoffnung bezwecken? Finderlohn? Wiedergutmachung? Einbau in Zarskoje selo? Was soll mit der dortigen Kopie, die nach und nach entsteht, werden?

Alles in allem ein guter Anfang für die preußisch-russischen Beziehungen im Jahre 1716, und ein böses Ende 230 Jahre später.

Das Salzedikt

Salz ist heute das geringste Problem, wenn es überhaupt eines ist. Nicht so bei unseren Vorfahren. Sie unterlagen der strengen Auflage, nicht etwa wohlfeiles Salz auf dem allgemeinen Markt zu kaufen, sondern seit 1688 bestand die Vorschrift, nur in den Fabriken des Kurfürsten gewonnenes Salz zu verbrauchen. Friedrich Wilhelm I. und sein Sohn Friedrich II. erneuerten das Gebot und schickten Salz-Inspektoren durch das Land, um festzustellen, wie viele Menschen auf einem Hof, in einem Haus mit wieviel Stück Vieh lebten, und ein Salzregister hielt alles fest und berechnete die erforderliche Menge. Diese Inspektoren lebten ganz gut, nämlich umsonst, sie bekamen per Dekret freie Kost bei den Bauern und Futter für ihre Pferde.

Personen über neun Jahre müssen vier Metzen abnehmen, und über vier Personen in einem Haushalt bekommen noch zwei Metzen drauf, „vor das Einschlachten". Nicht nur der Inspektor führt darüber Buch, auch der Bauer. Er soll das Salz im Frühjahr abnehmen, dann ist die Schlachtezeit noch weit und die Höfe besitzen noch alles Vieh. Die Bauern bekam man in den Griff, nicht aber die größeren Pro-

Schreibpult und Behältnis für Steuerunterlagen eines Steuereintreibers

duzenten, die adeligen Güter, die Vorwerke und die Ämter, die Kolonien und Schäfereien. Hier empfahl Friedrich, die Samthandschuhe auszuziehen und alle genau abzuzählen, auch die Dienstboten. Diese Klientel kannte die Schleichwege, wie und wo man fremdes Salz zu günstigeren Preisen einkaufen konnte. Die Schiffer sind es, die mit angeschlagenen Salztonnen ankommen. Wo ist die Differenz geblieben? Die Einwohner kaufen von ihnen an den Flüssen. Was ist dagegen zu tun? Der König empfiehlt verdeckte Ermittler, die Belohnung bekommen, wenn sie solche Vorkommnisse melden. Verschwiegenheit ist garantiert. Sieh' an! Wer aber trotzdem fremdes Salz benutzt, der komme an den Galgen. Damit sich keiner mit geringer Sprachkenntnis herausreden kann, ist das Salzedikt von 1765 in deutscher, polnischer und litauischer Sprache ausgefertigt. Monatlich sollte es auf dem Land im Gottesdienst durch den Pastor, nach dem Gottesdienst durch den Glöckner und auf den Friedhöfen durch den Schulmeister vorgelesen werden. Bei diesem Eifer stand viel Salz in den Häusern herum, wer wollte sich schon die Suppe oder das Eingemachte dauernd versalzen?

Aber aus der Not des Überflusses kann auch Gedeihliches entstehen. Wir dürfen vermuten, daß die große Gurkenernte in der Lausitz hier zu Salzgurken, Verzeihung, zu sauren Gurken verarbeitet worden ist. Die hielten sich das ganze Jahr über und wurden zu Gewürzgurken weiterentwickelt, mit denen uns die Spreewaldbauern heute vor jedem Supermarkt beglücken, mit viel Dill, Zwiebeln, Wacholderbeeren und anderen Köstlichkeiten, nach streng geheimem Rezept. Die Salzsteuer ist bestimmt noch immer in den Steuergesetzen wirksam. Hoffentlich verrät aber niemand die Rezepte an den Finanzminister, sonst erhebt er auch noch eine Dillsteuer.

Erste Krönung

Wir singen immer wieder: „Steige hoch, du roter Adler!" Was ist damit gemeint? Etwa das alte Zeichen des Apostel Johannes? Ja. Ein Kurfürst durfte den roten, ein König den schwarzen und der Kaiser den Doppeladler in sein Wappen nehmen. Der zweite Fall trat ein, als Kurfürst Friedrich III. dem Kaiser die Zusage abrang, sich zum König in Preußen – sprich Ostpreußen – krönen zu lassen, als Belohnung dafür, daß im Spanischen Erbfolgekrieg die Brandenburgischen Kontingente der Reichsarmee tapfer gekämpft hatten, wenn auch unter österreichischem Kommando. – Eigentlich beschämend, doch Friedrich III. ergriff die Gunst der Stunde, und Anfang 1701 zogen 200 Kutschen und Lastkarren, beladen mit Silbergeschirr und allerlei Spezialitäten, von Berlin nach Königsberg durch Eis und Schnee.

Am 17. Januar stiftete der zukünftige König den schwarzen Adlerorden und verlieh ihn seinem Sohn und siebzehn anderen Rittern. – Aus einem Zeitbericht: „Am 18. war der eigentliche Krönungstag. Um 9 Uhr früh bestieg der König den Thron und setzte sich die Krone aufs Haupt, um zu erklären, daß er von sich selbst die Königswürde empfange. Dann nahm er das goldene, mit Diamanten und Rubinen besetzte Zepter, auf dessen Spitze ein Adler stand, dessen Leib der große Rubin bildete, den Peter I. 1697 dem Kurfürsten geschenkt hatte, in die rechte und den Reichsapfel in die linke Hand, und empfing so die Huldigung seines Sohnes und seiner Brüder, welche diese durch Kniebeugen auf den Stufen des Thrones darbrachten".

Nach erfolgter Huldigung der Landstände, der Landeskollegien usw. ging der Zug zur Salbungsfeierlichkeit nach der Lutherischen Schloßkirche vor sich. Der Konsekrator (Weihpriester) beschrieb mit seinen beölten Fingern einen Kreis auf der Stirn und den Pulsen des Königs, indem er mit pathetischer Stimme eine Formel dahersagte. Unter Trompeten- und Paukenschall erhob sich der Chor: „Amen. Glück zu dem König!" Nun erhielt die Königin die Salbung, und nach vielen Gesängen und Gebeten schloß endlich die Verkündigung einer Generalamnestie, mit Ausnahme der Beleidiger seiner Majestät, der vorsätzlichen Totschläger und der Schuldner, die Zeremonie ab.

Man hatte nicht vergessen, einen Ochsen zu braten und mit Geflügel usw. zu füllen. Aus

Stiftung des Schwarzen Adlerordens

zwei Springbrunnen sprudelte roter und wei-
ßer Wein, und goldene und silberne Münzen,
gegen 6000 Taler an Wert, wurden ausgewor-
fen, wobei es viel Raufens und manchen bluti-
gen Kopf gab. Endlich löste sich das ganze Fest
mit einem Feuerwerk und mit Erleuchtung
der Stadt auf. Die Feierlichkeiten aller Art
dauerten aber in Königsberg bis zum 8. März
fort.

Im Gegensatz zu seinem Vorbild, dem französischen König Ludwig XIV., war Friedrich I.
kein erfolgreicher Herrscher, aber er ver-
schwendete wie dieser bedenkenlos die Staats-
finanzen. Als die Stadt Krossen in der Neu-

mark abbrannte, war sogar die Feuerkasse leer. Erst sein Sohn Friedrich Wilhelm I. regierte mit Sparsamkeit und der dazu erforderlichen Strenge. Was blieb ihm übrig? Als erste bekamen es die parasitären Höflinge zu spüren, deren Zahl er rigoros auf das Notwendigste reduzierte.

Die preußische Sparsamkeit ist zweifellos eine Tugend, dazu geworden ist sie es aber aus Not. Wütend setzte der König seinen Knotenstock ein, wenn er Faulenzer und Verschwender traf. Schwätzenden Pastoren, die die Leute nur von der Arbeit abhielten, schrieb er die Länge der Predigten vor. Wenn das auch heute Schule machte!

Einmarsch in Schlesien

Wie kam es eigentlich, daß ein halbes Jahr nach Regierungsantritt der junge König Friedrich II. in Schlesien einmarschierte, das damals zu Österreich-Ungarn gehörte und der Königin von Böhmen, wie Maria Theresia offiziell hieß, unterstand? Kaiser Karl VI. starb im Oktober des Jahres 1740 und legte, da er keinen männlichen Erben hatte, durch die sogenannte Pragmatische Sanktion die Nachfolge auf seine Tochter Maria Theresia fest. Darüber waren alle europäischen Mächte informiert, und trotzdem erheben Bayern, Spanien, Preußen und Sachsen auf das österreichische Erbe eigene Ansprüche. Die Minister Friedrichs warnen ihn vor einem Krieg mit dem Nachbarn, doch sie werden abgewiesen.

Friedrich bereitet den Einmarsch getarnt vor, er unterschätzt die junge Frau, die erst wenige Wochen auf dem Thron sitzt. Außerdem, so denkt er, sind durch die Türkenkriege ihre Kassen leer, und ihre Generalität hält er für schwach. Er jedoch dürstet nach Taten, er will seinen ersten Ruhm ernten. Sein Vater hatte nie eigene Kriege geführt, hatte ihm aber eine gedrillte Armee und gefüllte Kriegskassen hinterlassen.

Kronprinz Friedrich

Doch wie stand es mit den Rechten auf Schlesien, denn er mußte natürlich beweisen, daß
Preußen im Recht und Österreich im Unrecht war? So schrieb er am 26. Dezember
1740 einen Brief an seinen Kabinettsminister

Heinrich von Podewils. In ihm konstruiert er seine Ansprüche:

Der Kurfürst Friedrich Wilhelm habe vertraglich den Schwiebuser Kreis erhalten und dafür die anderen schlesischen Gebiete abgetreten, doch Kaiser Leopold entriß Friedrich I., seinem Großvater, diesen Schwiebuser Kreis wieder. Damit sei der Vertrag des Großen Kurfürsten nichtig geworden und die alten Verhälnisse wieder hergestellt. Da zu Lebzeiten des Kaisers ein Einmarsch als Schritt gegen die Reichsverfassung angesehen worden wäre, habe Preußen darauf verzichtet. Schon der Kaiser habe kein Recht auf Schlesien gehabt, wie könne nun seine Tochter darauf bestehen?

Dann setzt Friedrich den Kaiser noch in einem weiteren Fall ins Unrecht, der die westlichen Besitzungen Preußens, Jülich und Berg, betrifft. Preußen habe der Pragmatischen Sanktion 1732 nur zugestimmt, weil der Kaiser das Herzogtum Berg garantiert habe. Doch kurz vor Friedrichs Regierungsantritt seien dem Hause Sulzbach die Herzogtümer Jülich und Berg garantiert worden, was Preußen als Vertragsbruch ansehen müsse.

Außerdem, setzte er hinzu, wäre Schlesien immer ein männliches Lehen gewesen, und erst durch die Pragmatische Sanktion sei es weiblich geworden. So betrachte er diese früheren Verträge als nichtig und träte in die alten Rechte wieder ein. Natürlich fehlt nicht die Versicherung, daß man sich mit dem Hause Österreich aussöhnen wolle, vorausgesetzt, dieses würde die preußischen Rechtsansprüche anerkennen.

Ja, so ist die Politik auch damals gewesen, erst marschieren, dann die Gründe nachliefern. Doch die Papiere haben keinen großen Eindruck auf die Zeitgenossen gemacht. Der blutige Krieg führte beide Parteien an den Rand ihrer staatlichen Existenz, zog Sachsen, Rußland, Frankreich und die Reichsarmee mit hinein und dauerte insgesamt elf Jahre. Als die Herrscher in Schloß Hubertusburg bei Oschatz an der Festtafel saßen, waren alle erschöpft und taumelten in den Frieden. Schade, daß Friedrich und Maria Theresia kein Paar wurden, wie es einmal möglich gewesen war. Friedrich hätte Katholik werden müssen – für seinen Vater eine undenkbare Bedingung. Damals wie heute nahmen unterschiedliche Religionen unterschiedlich Partei. Ein Blick auf den Balkan bestätigt das leider.

Theodor Fontane auf dem Schlachtfeld von Zorndorf

Der Dichter, dessen 100. Todestag wir 1998 begehen, war nur einmal auf einer kleinen Reise in der Neumark. Er besuchte Küstrin, danach Tamsel und von dort aus das Schlachtfeld von Zorndorf.

Im Jahre 1758 hatten die Russen Ostpreußen besetzt und stießen auf Küstrin vor, ohne es nehmen zu können. In Eilmärschen führte Friedrich II. Mitte August 1758 14 000 Mann heran, die am 23. August die Oder bei Güstebiese überschritten, sich nach Norden wandten, mit der preußischen Armee vereinigten und sich gegenüber der russischen Armee lagerten. Zwei Tage später begann eine mörderische Schlacht, in der auf beiden Seiten über 30 000 Mann verbluteten. Alle waren nach diesem Tag völlig erschöpft und außerstande, die unentschiedene Partie noch einmal von vorn zu beginnen. Später wurde aus dieser Situation ein Sieg Friedrichs interpretiert, da Seydlitz mit seiner Kavallerie eine Niederlage der Preußen verhindert hatte.

Die Legende erzählt den Dialog zwischen dem König und seinem General, als Friedrich ihn aufforderte, „bei seinem Kopfe anzugreifen". Seydlitz antwortete keck und pflichttreu zugleich: Nach der Schlacht stehe dem Könige sein Kopf zu Befehl, während derselben möge er ihm noch erlauben, davon in seinem Dienste Gebrauch zu machen. Und als er gesiegt hatte, wehrte er ein Lob bescheiden ab, und man kam zu der berühmten Erkenntnis: „Keine Schlacht ist verloren, solange das Regiment Garde du Corps nicht angegriffen hat". Von diesen Legenden lebten über zwei Jahrhunderte die preußischen Geschichtsschreiber.

Preußische Artillerie am 25. August 1758 bei Zorndorf

Der Besuch Fontanes auf dem Schlachtfeld war etwas trübsinnig, „der Pflug" war darüber hinweggegangen. Nur das Denkmal, ein Granitstein auf einem Sockel, stand auf einem kleinen Hügel schon damals dort. Von seinem Reisebegleiter erfuhr er von einer komischen Situation. Ein Küstriner Klempner hatte aus Weißblech eine Figur des Alten Fritz getrieben, man kann sich vorstellen, wie dieses Werk ausgesehen haben mag. Der Mann überzeugte den Grafen Schwerin auf Tamsel, daß er doch gestatten möge, die Figur auf den Obelisken zu stellen und mit Mörtel zu festigen. Wie eine Spukgestalt stand nun der König Mitte des vorigen Jahrhunderts in der Landschaft. Doch das künstlerische Gewissen des Grafen schlug stark, und so entschloß er sich, die Figur wieder abzubauen.

„Nachdem das Bildnis einen Winter lang allen Stürmen getrotzt und jegliches Blanke seiner Erscheinung längst eingebüßt hatte, erschienen die Vermummten wieder, und siehe da, nächtlicherweise wie die Statue gekommen war, so verschwand sie wieder. Eine kurze, freudlose Existenz. Wie Leidtragende folgen der Maurerpolier und die Seinen und geleiten die Figur nach Tamsel zurück. In einem der dortigen Kohlenkeller ist sie verschollen".

Der Überlieferung nach soll der König auf der Stelle, an dem der Stein 1826 zu seiner Erinnerung aufgestellt worden war, die Schlacht gelenkt haben. Es ist wohl nicht anzunehmen, daß er bei dem opferreichen Schlachtverlauf ein Denkmal gebilligt haben dürfte. Doch ein Ziel hatte er immerhin erreicht. Die Verbindung der russischen Armee mit ihren Verbündeten war verhindert worden. Die Russen wichen über Landsberg und Stargard nach Nordosten aus. Nach der erfolglosen Belagerung von Kolberg räumten sie dann endgültig Pommern. Die Oder hatten sie nicht bezwingen können. Aber auch Friedrichs Absicht, die russische Armee zu zerschlagen, war den Preußen nicht gelungen. In diesem Sinne ist der Name Zorndorf kein Ruhmesblatt, sondern der blutige Ausdruck für einen politischen Schwebezustand. Die Entscheidung stand noch bevor – ein Jahr später, in Kunersdorf.

Die Katastrophe und ein Wunder

Im Jahre 1759, also im Siebenjährigen Krieg, sah es um das Kriegsglück des Königs Friedrich des II. sehr schlecht aus. Er war in die Defensive geraten und mußte es dulden, daß sich im Sommer die Österreicher mit den Russen vereinigten. Versuche, ihren Vormarsch zu verhindern, mißlangen. Bei Kay schlugen die überlegenen Russen die Preußen und zogen weiter nach Frankfurt an der Oder. Nun beschloß Friedrich, Sachsen von seinen Truppen zu entblößen, schickte einen Teil nach Schlesien, um die Österreicher dort zu stellen, und er selbst zog mit der Hauptmacht in Eilmärschen an die Oder. Bei Kunersdorf hatten sich die Russen auf dem Mühlberg verschanzt, so daß Friedrich nichts anderes übrigblieb, als sie aus dem Wald heraus anzugreifen.

Die Truppen mußten durch den offenen Kuh-Grund auf den Hügel ungedeckt vorrücken, was erst in der brennenden Mittagssonne begonnen werden konnte. Die schräge Schlachtordnung eignete sich hier nicht, aber die erfahrenen Regimenter schafften es, den Mühlberg zu besetzen. Anstatt die zurückgeworfenen Russen in Ruhe den Rückzug antreten zu lassen und die errungenen Stellungen zu halten, befahl Friedrich die Fortsetzung des Kampfes. Die Russen stellten sich erneut, ihre vorzügliche Artillerie griff ein und schoß die an der Entfaltung behinderten preußischen Grenadiere zusammen. In seiner Not befahl Friedrich sogar der Reiterei, daß sie die Barrikaden der Russen angreifen sollten, ein Unternehmen, daß der junge Seydlitz nicht gewinnen konnte. Schließlich flohen die preußischen Truppen, und auch Friedrich wäre beinahe in die Gefangenschaft der Kosaken gefallen, wenn nicht seine Tabaksdose, die einen Schuß auffing, und der Rittmeister Prittwitz gewesen wären. Er schlug seinen König aus der Gefahr.

Friedrich befürchtete, daß die Gegner jetzt auf Berlin zugingen und die Hauptstadt besetzten. Er wollte seinem Leben ein Ende machen, zu tief saß die Niederlage von Kunersdorf. So schrieb er nach Berlin an seinen Minister Finck von Finckenstein, wie für den Fall seines Todes oder seiner Gefangennahme vorgesehen, an den bevollmächtigten Lenker des Preußischen Staates: „Heute morgen um 11 Uhr habe ich den Feind angegriffen. Wir haben ihn bis an den Judenfriedhof bei Frankfurt getrieben. Alle meine Truppen haben Wunder verrichtet, aber dieser Friedhof hat uns ungeheure Verluste gebracht. Unsere

Leute gerieten in Verwirrung, ich habe sie dreimal wieder gesammelt, am Ende wäre ich beinahe selbst in Gefangenschaft geraten und mußte das Schlachtfeld räumen. Mein Rock ist von Schüssen durchlöchert, zwei Pferde sind mir unter dem Leib gefallen. Mein Unglück ist, daß ich noch lebe. Unser Verlust ist sehr beträchtlich: Von einem Heer von 48 000 Mann habe ich jetzt, wo ich dies schreibe, keine 3000. Alles flieht, und ich bin nicht mehr Herr meiner Leute. Man wird in Berlin gut tun, an seine Sicherheit zu denken. Dies ist ein grausames Mißgeschick, ich werde es nicht überleben. Die Folgen davon werden schlimmer sein als die Sache selbst. Ich habe keine Hilfsmittel mehr, und, um nicht zu lügen, ich halte alles für verloren. Den Untergang meines Vaterlandes werde ich nicht überleben. Leben Sie wohl für immer!"

Dann aber kamen die Meldungen, daß sich die Versprengten wieder meldeten und Friedrich erfuhr, daß die Feinde nicht nach Berlin, sondern nach Müllrose und Lieberose zogen. Das Mirakel Preußens, das Wunder war geschehen. Er lebte wieder auf und – er machte weiter.

Das heißt man Glück und Standhaftigkeit im Unglück.

Das Talent von Diplomaten

Das Wort „Diplomatie" erweckt bei uns allen den Eindruck, als handele es sich bei diesem außergewöhnlichen Beruf um etwas ganz besonders Schwieriges und Wichtiges. Doch bei näherem Hinsehen sind die Anfänge einer Diplomatie im heutigen Sinne eher profan. Zwar gab es seit der Mitte des 17. Jahrhunderts bereits eine Art Knigge für diesen Beruf, aber er verlangte vor allem nur „ein eindrucksvolles Äußeres und eine schöne Erscheinung". Der Soldatenkönig stimmte, etwas deutlicher schon in seinen Anforderungen, der Entsendung seines Vertreters in Rußland zu mit den Worten: „Den kann der Zar wohl leiden und kann starg saufen und bleibet doch bey Verstahnt." Der Alkohol spielt in der Diplomatie wohl auch heute noch eine besondere Rolle, denn er lockert die Zunge, und Diplomatie heißt auch, mehr hören als sagen. Friedrich II. war da etwas aktiver, der Gesandte solle ein Talent haben zu verführen. Sein polnischer Vertreter mußte sich sagen lassen, er müsse es verstehen, „sich bei Frauenzimmern einzuschmeicheln und beliebt zu machen, welches in Polen sehr viel thut".

Ganz anders verlangte die Mutter der späteren Zarin Katharina II., Friedrich solle doch an-

58

Fürst Metternich als Karikatur

stelle des schon reiferen Gesandten „einen hübschen, jungen Mann mit frischen Farben" entsenden, der die erotischen Neigungen ihrer Tochter berücksichtigen könne. Einflußreiche Damen waren recht bereit, sich um die Intimsphäre ausländischer Gesandter zu kümmern. Der berühmte Metternich war auch deshalb so erfolgreich, weil er es in Paris verstand, zu gleicher Zeit zwei Damen zu beglücken, die Schwester Napoleons und Frau des Reitergenerals Murat, und die Frau des Stadtkommandanten von Paris, Madame Junow. Von einer erfuhr er zuerst, daß Napoleon sich scheiden lassen wolle, um eine Frau aus hohem europäischem Fürstenhaus zu ehelichen. So setzte er sich dafür ein, daß die Tochter seines österreichischen Kaisers dem französischen Kaiser zugeführt wurde.

So ging es auch im nächsten Jahrhundert. Als Napoleon III. für die Unterstützung des italienischen Einigungsprozesses gewonnen werden sollte, entsandte er Cavour Constantino Nigra. Er machte auf Eugenie, die Kaiserin, einen äußerst günstigen Eindruck. Nigra berichtete seinem Chef pflichtgemäß davon. Dieser ermunterte ihn zu kühnerem Handeln: „Kein Zweifel, sie will Sie haben. Also machen Sie ihr das Vergnügen, spielen Sie nicht den keuschen Joseph."

Ob er es tat, wissen wir nicht, vermuten aber, daß diese Art von Aufträgen weit reizvoller waren, als die heutigen Sitzungen, Empfänge, Noten und Resolutionen der modernen Diplomatie.

Nur Sand, Tannen, Heide und Juden?

Es wäre zu einfach, die erste Teilung Polens lediglich auf Machtgelüste Friedrichs II. zurückzuführen. Unter den Königen August II. und August III. verwickelte sich Polen in den Nordischen Krieg und geriet dadurch mit Rußland in Konflikte. Als König August von Sachsen und Polen 1663 starb, trat der Kandidat Katharinas II., Stanislaus Poniatowski, an die Spitze des polnischen Staates, der zum hilflosen und daher begehrten Objekt der Politik Rußlands, Österreichs und auch Preußens wurde. Rußland marschierte in Polen ein. Friedrich sprach von Aggression, standen doch die russischen Truppen in der Nähe der preußischen Grenze, wenige Tagesmärsche von Hinterpommern und der Neumark entfernt. Österreich trug seine Konflikte mit Rußland in der Türkei aus, und Friedrich ergriff die Gelegenheit, beide in Verhandlungen zu befrieden, und die Interessen wurden neu abgesteckt – in Polen.

Im Jahre 1772 wurde Polen zum ersten Mal geteilt, es verlor etwa ein Drittel seines Staatsgebietes. Der innerlich geschwächte Staat war eine leichte Beute der drei europäischen Großmächte geworden. Rußland und Österreich erhielten je 84 000 Quadratkilometer, Preu-

61

ßen erheblich weniger, nämlich 36 000 Quadratkilometer. Die Gebiete des westlichen Ordenslandes, das Bistum Ermland, Teile von Kujavien und Posen schlossen das preußische Gebiet und erweiterten es nach Osten. Der politische und ökonomische Wert dieser Zuwächse war erheblich. Die teilweise noch bestehende Lehensuntertänigkeit zur polnischen Krone wurde aufgehoben, zwei Fünftel der Bevölkerung des an Preußen gefallenen Gebiets bestand aus deutschen Siedlern. Der polnische Reststaat spielte nunmehr die Rolle eines Puffers zwischen den drei Mächten.

Mehrfach war der Krieg über das neugewonnene Land hinweggezogen. Der König packte die notwendigen Änderungen systematisch an. Er hob die Leibeigenschaft in den Starostengütern auf und richtete 79 Domänenämter ein. Er zog 12 000 Kolonisten in das schwachbesiedelte, noch in mittelalterlichen Verhältnissen lebende Land. Im Netzebezirk wurden 50 Dörfer gegründet, das versumpfte Gebiet entwässert und kanalisiert. Über den in nur einem Jahr gegrabenen Bromberger Kanal konnte man bis Berlin mit dem Schiff fahren.

Schulwesen, Post, Verwaltung, alles lief von nun an nach preußischen Grundsätzen. Friedrich nutzte die jährlich stattfindenden Militär-

Die Lage des Königreichs Polen
im Jahre 1773. Österreich, Rußland und Preußen beraten an
der Landkarte Polens seine Teilung. Stich von J. E. Nilson,
Augsburg 1773.

manöver, um die neuen Gebiete zu inspizieren. Die Kolonisten wurden für eine gewisse Zeit von Steuern befreit, doch die Domänen brachten ihm jährlich eine Einnahme von einer Viertelmillion Taler. Und das wichtigste: Preußen und Österreich waren nun wieder im politischen Gleichgewicht.

Den drei Großmächten, die Polen gerupft hatten, fiel nach Friedrichs Tod und den erfolglosen Versuchen, das revolutionäre Frankreich in eine Monarchie zurückzubomben, nichts weiter ein, als Polen wieder und noch einmal zu teilen.

Friedrich beurteilte den Anteil an dem Ergebnis der ersten polnischen Teilung nüchtern: „Dieses Stück Land erlegt mir viel Arbeit auf, doch es ist eine ausgezeichnete und vorteilhafte Erwerbung in politischer wie in finanzieller Hinsicht. Damit ich aber keinen Neid erwecke, erzähle ich den Leuten, daß ich nur Sand, Tannen, Heide und Juden gesehen habe".

So tarnt man wohl politische Fragwürdigkeiten.

Juden in Preußen

Man liest, es würde sich langsam in Brandenburg, vornehmlich in Potsdam, wieder eine
jüdische Gemeinde ansiedeln. Grund genug
zu fragen, wie es denn früher in Preußen damit
ausgesehen hat. Die Mehrheit der Juden
wohnte in den östlichen Provinzen, die meisten in Posen. Friedrich II. hat sogar ernstlich
erwogen, den Pommerschen Plan, eine auto-
nome Judenstadt an der Leba zu errichten, zu
unterstützen. Schließlich verwarf er jedoch
das Vorhaben, weil er befürchtete, die wirtschaftliche Konkurrenz der Juden würde seine
christlichen Untertanen benachteiligen.

Dabei lebten gar nicht so viele Juden in Pommern, es waren im Jahre 1803, also vor der Ver-
kündung des Gleichstellungsediktes durch
Hardenberg (1812), 1716 Personen, was einen
Anteil von 0,3 Prozent der Bevölkerung
bedeutete. Allerdings lagen die anderen Provinzen auch nicht höher, Westpreußen bei
2,26 Prozent, Ostpreußen bei 0,25 Prozent,
gleichauf mit Sachsen. In Posen war etwa jeder
zwanzigste Einwohner (5 Prozent) ein Jude.
Nach den preußischen Reformen stieg der
Anteil stärker an, jedoch war die Verteilung
sehr differenziert. Natürlich drängte es die

Erneuertes und geschärftes

EDICT,

wegen

der überhandnehmenden fremden

Bettel=Juden.

De Dato Berlin, den 12ten December 1780.

Stettin,

gedruckt bey Herm. Gottfr. Effenbart, Königl. Preuß. Pommerschen Regierungs-
auch Kriegs- und Dominnen Cammer-Buchdrucker

Titelblatt des „Juden Edict" von 1780

Handwerker und Händler in die Städte, vor allem, als die Zunftbeschränkungen gefallen waren.

Nach der staatsbürgerlichen Anerkennung der Juden in Preußen bildete sich bald eine wohlhabende, teilweise sogar reiche Oberschicht, die durchaus an der industriellen, finanziellen und geistigen Entwicklung des Landes bedeutenden Anteil nahm, Unternehmer, Bankiers, Erfinder, Künstler, Anwälte, Politiker.

Nicht alle Juden waren seßhaft. Aus dem schlesischen Glogau zog man in das bedeutendere Breslau und von hier wieder nach Berlin, wenn das aussichtsreich erschien. Ein Mann, welchen es umtrieb, war Jacob Adam aus Chodziesen bei Bromberg. Als Dreizehnjähriger zog er nach Berlin, leider erfüllte sich hier sein Traum, Gelehrter zu werden, nicht. Er ging nach Glogau und verdiente sein Brot als Handlungsdiener, zog mit den Geschäftsleuten von Jahrmarkt zu Jahrmarkt. Dann machte er sich in Ostpreußen selbständig, mußte aber dafür als Marketender der Franzosen den Soldaten, die nach Rußland zogen, bis hinauf nach Wilna folgen. Dann hatte er das Geld für eine Hochzeit zusammen und ließ sich mit seiner Frau, die aus Lomza stammte, in Rhein nieder. Schließlich ziehen sie nach Stallupönen und werden dort seßhaft, nicht ohne von dauernden wirtschaftlichen Schwierigkeiten geplagt zu sein. Als die Frau schwer erkrankt, droht das Aus für die Familie. Ihre Genesung erscheint ihm wie ein Wunder: „Ich danke übrigens dem Schöpfer, daß er mir meine Frau ließ, da sie so schlecht war, wo selbst die Ärzte nicht glaubten, daß sie aufkommen würde. Gott hat ihr durchgeholfen, und ich trieb mein Geschäft wie früher".

Seine Nachkommen haben seine Aufzeichnungen aufbewahrt und retten können, als sie, obwohl protestantisch getauft, in den 30er Jahren Deutschland verlassen mußten. Heute leben sie in den USA. Sie haben die Lebensgeschichte von Jacob Adam dem Steinheim-Institut für deutsch-jüdische Geschichte übergeben, das sie unter dem Titel „Zeit zur Abreise" veröffentlicht hat.

„Bedenke, mein Kind . . ."

Im Jahre 1836 kam auf die junge, zum Christentum konvertierte Jüdin Fanny Lewald aus Ostpreußen der Moment zu, an dem sie zur Hochzeit aufgefordert werden sollte. Traditionell übernahm das ihr Vater, ein Kaufmann, bei dem der Bewerber, ein zukünftiger Landrat im östlichsten Kreis des Landes, der Tucheler Heide, um ihre Hand angehalten hatte. Doch sie liebte ihn nicht, er war langweilig, picklich, fett, ein trockener Staatsjurist. Das sollte die Zukunft des romantischen, literarisch begabten Mädchens sein? Ihr Bericht zeigte uns die heute vergessenen Probleme, die diese Situation für alle Beteiligten mit sich brachte:

„Ich fand meinen Vater allein und sehr bewegt. Er wünsche und hoffe, daß ich mich bereit finden lassen würde, die Bitte anzunehmen. Diese Redeform, die ganz gegen meines Vaters sonstige Ausdrucksweise verstieß, gab mir deutlich kund, daß er selbst von meinem Bewerber nicht eben eingenommen war, und ich erklärte daher unumwunden, daß cs mir leid tue, meinem Vater seinen Wunsch und seine Hoffnung nicht erfüllen zu können. Er schwieg einen Augenblick und bemerkte danach: ‚Überlege dir die Verhältnisse, mein Kind! Du bist nicht mehr jung, du bist 25 Jahre. Ich befinde mich leider nicht in der Lage, dir ein Vermögen zur Mitgift zu geben, man weiß, daß ich kein reicher Mann bin, und ich habe fünf Töchter außer dir. Sechs erwachsene Töchter können sich in einem Hause nebeneinander nicht wohlbefinden. Der Assessor wählt dich um deiner selbst willen, das wird vielen reichen Mädchen nicht zuteil, und du hast als Frau eines Landrats, der sicher eine gute Karriere machen wird, eine ehrenvolle Stellung und ein gesichertes Einkommen; abgesehen davon, daß eine Frau selbst in einer nicht ganz glücklichen Ehe noch immer besser dran ist als ein altes Mädchen. Ein Ehrenmann ist der Assessor nach allem, was ich selbst von ihm gehört und über ihn erkundet habe.‘

In mir wogen die verschiedensten Empfindungen auf und nieder. Ich wollte auch gern gelassen bleiben, aber das Herz schlug mir, daß ich kaum atmen konnte, und in den Schläfen hämmerte mein Blut. Ich mußte solchen Heiratsvorschlägen ein für allemal ein Ende machen, das fühlte ich. ‚Was kannst du mir tun, wodurch ich mich zu einer Erniedrigung meiner selbst bewegen lassen würde? Bin ich dir zur Last, lieber Vater, so sage es, und ich will gehen und mir mein Brot selbst verdienen, da

Fanny Lewald (1811–1889)

du mir ja die Mittel hast angedeihen lassen, es
zu können; und es wird vielleicht für mich und
uns alle am besten sein, wenn das geschieht.'

Meinem armen Vater traten die Tränen in die
Augen: ,Ich bitte dich, dein Vater bittet darum,
diese Heirat einzugehen, du würdest mich und
die Mutter sehr glücklich dadurch machen.'

Ich fing zu weinen an. Den Vater mich bitten zu hören und nicht ja sagen zu können, zerriß mir das Herz: ‚Ich kann nicht! Ich kann nicht heiraten!' Mit einem Male stand er auf, und ich blieb zurück, um meine Verzweiflung in heißen, bittren Tränen auszuweinen. –"

Sie ging in die Welt, schrieb Romane, verkehrte mit berühmten Leuten ihrer Zeit und heiratete, als sie bereits 44 Jahre alt war. Diese Ehe mit einem gleichgesinnten Politiker und Publizisten wurde wohl glücklich und hielt bis ans Lebensende. Ihr Werkverzeichnis ist umfangreich, wenn auch noch kaum bekannt, ihre Reiseorte sind zahlreich von Rom bis Bad Doberan. Sie hatte sich emanzipiert, wenn auch unter ungleich größeren Schmerzen abgenabelt von der alten Welt, als es sich heute die nach Selbstverwirklichung strebenden Damen denken können.

Vertrieben aus Breslau

Wir singen heute die dritte Strophe des „Liedes der Deutschen" als Nationalhymne, so hat der Bundespräsident es bei der Gründung der Bundesrepublik Deutschland bestimmt. Allerdings gilt nur die dritte Strophe, eine ungewöhnliche Bestimmung. Seit 1945 wird die erste Strophe als Ausdruck des Chauvinismus – „Deutschland über alles" – angesehen. Obwohl verboten, erklingt die erste Strophe noch auf Veranstaltungen der Neonazi-Organisationen, und beim Gesang werden die rechten Hände zum Hitlergruß gereckt, aller Verbote zum Trotz.

In der DDR wurde seit den sechziger Jahren der Text der Nationalhymne „Auferstanden aus Ruinen..." von Johannes R. Becher nicht mehr gesungen, weil die Zeile „Deutschland einig Vaterland" als unzeitgemäß, ja anstößig empfunden wurde. Becher hatte ursprünglich, genau wie der Dichter des „Liedes der Deutschen", seinen Text auf die wunderschöne Melodie von Joseph Haydn geschrieben. Doch sie erweckte, zusammen mit dem neuen Text, immer noch Erinnerungen an die Jahre der Nazidiktatur. So mußte Hanns Eisler eine andere Melodie finden, die dann, wortlos, in einer Blasmusikfassung oder kunstvoll für ein großes Orchester instrumentiert, vorgespielt wurde. Erst die Übergangsregierung Modrow setze den alten Text wieder in seine Rechte ein. Er ist viel moderner und beschreibt die Situation der Gründerjahre viel besser als Hoffmann von Fallersleben es vor rund 150 Jahren mit allgemeinen demokratischen Forderungen tun konnte. Nennt man seinen Namen, so denkt man zuerst an die vielen populären Kinderlieder, die in jeder Familie gesungen werden: „Alle Vögel sind schon da“, „Ein Männlein steht im Walde“, „Kuckuck, Kuckuck ruft's aus dem Wald“. Wie kam er zu ernsten Einheitsforderungen des jungen, liberalen Bürgertums?

Wie viele seiner Zeitgenossen litt er unter der unsäglichen Restaurationspolitik der preußischen Monarchie. In seinen „Unpolitischen Liedern“ griff er die reaktionären Verhältnisse der Dreißigerjahre an, und obwohl sie nicht besonders aggressiv, sondern eher zahm waren, warf ihn die Regierung aus der Universität Breslau auf die Straße. Ein politischer Professor der Theologie, Altphilologie und Germanistik durfte im damaligen Preußen nicht lehren.

Insel Helgoland 1989

Arbeitslos geworden, zog er durch die deutschen Länder und stieß überall auf die
beschränkten Verhältnisse der Kleinstaaterei.
Bei einem Besuch der Insel Helgoland, der
nördlichen Grenze, damals aber in englischem
Besitz, hatte er es gefunden: Die Deutschen,
alle deutsch sprechenden Menschen zwischen
Maas und Memel, Etsch und Belt sollten die
schädliche Zersplitterung überwinden und
nunmehr ein Deutschland sein. Dieses einig

deutsche Vaterland solle über alles andere gehen, über die Teilinteressen der Preußen und Bayern, Holsteiner und Schwaben, es solle das Wichtigste in der Welt für die Deutschen sein, eben ihr gemeinsames Vaterland. In diesem Sinne wollte er sein Lied verstanden wissen. In der zweiten Strophe pries er die Schönheit der Frauen, die Liebe und Treue, den Wein und Gesang, aber diese Tugenden soll es auch woanders reichlich geben. Nun bleibt uns nur die dritte, allerdings am wenigsten gelungene Strophe, welche die abstrakten Werte preist und ein allgemeines republikanisches Programm bietet: Einigkeit, Recht und Freiheit, wonach alle streben sollen, als Brüder, mit Herz und Hand.

Das Lied war entstanden, die Wirklichkeit war nach wie vor hoffnungslos triste. Hoffmann fristete schließlich sein Leben als Bibliothekar des Fürsten von Hohenlohe, ein Brotberuf für einen politischen Dichter. Nicht er hat es zu verantworten, daß mit seinem Lied, einer Freiheitshymne, die Völker Europas in Angst und Schrecken versetzt worden sind. Dabei war es als Hymne der Weimarer Republik erst seit 1922 bekannt. Die Nazis trauten ihr nicht und setzten als Ergänzung einen Agitationsgesang an ihre Seite, so daß immer zwei Hymnen gesungen werden mußten. So beschmutzt, können wir es nicht mehr wagen, vor den anderen Völkern dieses Preislied auf unser Land zu singen, ohne Mißverständnisse heraufzubeschwören. Der Dichter war ein Sprecher der liberalen Bewegung, was damals noch (1841) der Ausdruck einer freiheitsgesonnenen Bourgeoisie bedeutete.

Seine politischen Dichtungen, nicht nur das Lied der Deutschen, zeigen ihn als Vorbereiter der Revolution von 1848 und Parteigänger der Kritik am Adel: „Ei, was soll schon Kunst und Witz? Hier gilt nur der Grundbesitz".

Will man ohne diese schwierigen Hintergründe mit Hoffmann reden, dann lese man seine „Politischen Gedichte aus der deutschen Vorzeit" aus dem Jahre 1843. Diese ersetzen alle gängigen Fernsehsendungen der Gegenwart über dieses Thema.

Und nach dem Jubel?

So mancher mag sich fragen, wie es kommt, daß große Bevölkerungsteile sich von Veranstaltungen erhoben fühlen, die offensichtlich als inszeniert angesehen werden müssen. Dazu gehörte auf jeden Fall der Einzug des Königs Friedrich Wilhelm IV. in Königsberg zur Krönung und Huldigung im Sommer 1840. Zwar wurden vorsorglich 20 000 Soldaten durch die Stadt geführt, aber sie kamen ins Lager Lauth in Bereitschaft. Inzwischen waren etwa 12 000 Fremde in der Stadt, die, wie es in einem zeitgenössischen Bericht von Fanny Lewald heißt, „teils durch die Pflicht, sich bei der Huldigung einzufinden, teils durch Schaulust hierhergezogen waren". Der weitere Bericht erinnert an die Vorbereitung ähnlicher Veranstaltungen in unseren Zeiten:

„Stattliche, fremde Männer, schwarz gekleidet, gingen durch die Stadt und sahen Häuser und Menschen an, überall tünchte man die vernachlässigten Häuser, besserte das Straßenpflaster aus – es gingen Wunderdinge vor".

Die Mädchen schmückten die Straßen mit Blumengebinden, die Zünfte formierten sich zu einem Aufzug. „Vorauf ritten die Fleischer, denen der alte Kurfürst für treue Kriegsdien-

Vase mit dem Bildnis Friedrich Wilhelm IV.

ste das Recht verliehen, die Beherrscher des Landes in die Stadt zu führen . . . Und wir standen ganz ernst, und manch kräftiges Herz schlug und manches schöne Auge weinte, denn wir sahen unsere Bürger und Handwerker als eine achtbare Versammlung, als Bürger vereint auftreten, und wir sahen kein Militär, das ihren Weg beschränkte und keine Gendarmerie, die das Volk zurückstieß. Die Bürger zogen feierlich-froh durch die Straßen, sie bildeten das Spalier, das den Einzug des Königs beschützte. Der König ritt so langsam, daß die Menge sich dicht bis an sein schönes Pferd drängte, und da weder Militär noch Gendarmen voraneilten, um Platz zu machen, bog sich der König selbst vom Pferde, als es zu arg werden mochte, und bat: ‚Kinder, laßt mich durch!' So ist er wie ein Freund angekommen und hat sich selbst den schönsten Einzug bereitet, den wir als gute Vorbedeutung betrachten wollen. Es war ein innerer Jubel der Menge, der sich nicht beschreiben läßt, der aber wie ein stilles Glück aus allen Augen strahlte. Abends war Cour im Schlosse und eine Erleuchtung in der Stadt, die sich unter den Laubgewinden und den wehenden Fahnen recht heiter, fast südlich ausnahm".

Die Hoffnungen schlugen bald um, die schöne Stunde verblaßte langsam, die sozialen Widersprüche führten zu einer Krise, aus der sich die Revolution 1848 Bahn brach. In den Tagen nach dem Berliner Aufstand ritt der gleiche König mit einer schwarz-rot-goldenen Schärpe drapiert durch das Zentrum Berlins einen sogenannten nationalen Umritt, doch man glaubte ihm nicht mehr. Der innere Jubel war verflogen.

So geht es, wenn Hoffnungen und Realitäten nicht übereinstimmen.

Oderfestung

So manchem von uns ist die Stadt Küstrin nur vom Grenzübergang zu den zahlreichen Einkaufsmöglichkeiten auf der rechten Seite der Oder bekannt und neuerdings auch durch die Protestaktionen der Einwohner von Kietz, dem auf deutscher Seite gelegenen Stadtteil des heute polnischen Kostrzyn. Die ehemals befestigte Stadt ist zu besuchen, einige Festungswälle sind noch zu sehen, aber ein umfassendes Bild von der einstigen Lage und Schönheit des Schlosses und der Stadt ist nicht mehr zu erlangen.

Sie beginnen ihre neuere Geschichte mit der Regentschaft des Markgrafen Hans, der 36 Jahre lang die Neumark verwaltete, neben seinem Bruder, dem Kurfürsten Johann II., der die Altmark regierte. Diese Trennung war unsinnig und gefährlich, aber sie dauerte nur kurze Zeit. – Die beiden Brüder könnten ungleicher nicht gewesen sein. Johann ein Verschwender, Hans ein guter Verwalter und Wirtschafter, nicht nur sparsam, sondern auch geizig. So gelang es ihm, in diesen fraglichen 36 Jahren die Neumark in einen guten Zustand zu versetzen. Nach einigem Wählen zwischen Königsberg i. N. oder Küstrin entschied er sich für das Landstädtchen Küstrin an der Oder, dort wo die Warthe in diese mündet.

Die Um- und Ausbauten übertrug er dem italienischen Baumeister Gandino, der im Stil der Renaissance ein wunderbares, befestigtes Schloß baute. Es war geschmückt mit einprägsamem Giebel, mit Mansarden und Erkern, einem Kupferdach, auf dem Schloßhof Reliefs, im Schloß Säulen und Portale und viele Terrakotta-Skulpturen und schwarzweiße Wandbilder. Den Festplatz schmückte ein fünfgegliedertes Wappen des Markgrafen Hans. An die Festung erinnerte, daß Graben und Mauer nur an einem Punkt Einlaß gewährten, an der Zugbrücke mit dem Torhaus, in dem der auf seinen Tod wartende Katte die letzte Nacht verbringen mußte.

Wie alle diese Stätten wurde auch das Küstriner Schloß mehrfach umgebaut und den jeweiligen modernen Gesichtspunkten angepaßt. Im Siebenjährigen Krieg wurde es durch die Schuld eines unfähigen Kommandanten, der die starke Artillerie nicht einsetzte, ein Opfer der russischen Armee. Erst der danach eintreffende König Friedrich versuchte, in der Schlacht beim nahegelegenen Zorndorf den Ansturm zu stoppen, doch für die Stadt und Teile des Schlosses war es zu spät. 1806 kapitu-

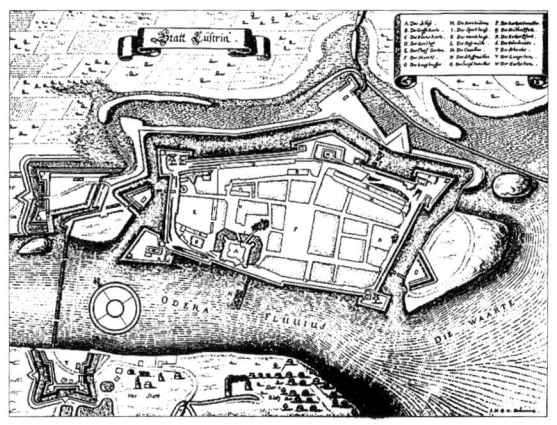

Historischer Merian-Stich: Festungsplan von Küstrin

lierte der Kommandant verräterisch, so daß
die Festung kein Hindernis für Napoleon dar-
stellte.

Dieses skandalöse Versagen eines preußischen
Offiziers ist oft beklagt worden, doch es steht
nicht allein da. Ähnliches geschah in Magde-
burg. Es waren Zeichen dafür, daß die Zeiten
solcher Festungen an Flußübergängen vorbei
waren. Trotz des Versuchs, den berühmten
Festungsbaumeister Carnot mit einer neuen
Konzeption zu betrauen, verfielen sie doch zu
einfachen Kasernen, Gefängnissen oder Ver-
sorgungsmagazinen.

83

Einmal noch sollte die Festung Küstrin eine Rolle spielen. In den Monaten Februar und März 1945 verteidigten aus Ersatz- und Ausbildungseinheiten, Polizei, Volkssturm, Hitlerjugend, Jungvolk, Verwundeten, Bewährungsmannschaften zusammengewürfelte Truppen in Stärke von 10 000 Mann unter dem Kommando des SS-Generals Reinefarth diesen Oder-Übergang. Nur 800 Mann entkamen den pausenlosen Angriffen der Roten Armee. Das Ergebnis war die fast völlige Zerstörung und Verwüstung Küstrins.

Zur Zeit regen sich Wiederaufbaupläne auf polnischer Seite und erwecken das Interesse auch der deutschen Fachleute. Was daraus werden wird, angesichts der leeren Kassen, steht dahin. Vielleicht findet sich doch noch ein Finanzminister mit den Qualitäten eines Hans von Küstrin in dieser arg gebeutelten Region.

Der Herr auf Varzin

Als Prototyp eines ostelbischen Junkers habe ich mir immer Otto von Bismarck vorgestellt. Auch in meiner Heimatstadt stand bis 1945 eines der rund 400 Denkmäler, die ihm nach seinem Tod gesetzt wurden. Hinter der staatsmännischen Pose ist sicher im Bewußtsein der Bevölkerung verlorengegangen, daß er der Herkunft nach ein Großagrarier war. Seine Politik jedoch richtete sich vor allem auf die Interessen der Bourgeoisie, was ihn in seinen Kreisen nicht gerade beliebt machte und manche Anfeindung einbrachte.

Im Reichstag wurde er als Bismarck-Schönhausen geführt, nach seinem Gut in der Nähe der Elbe. Seine Familie besaß aber auch Güter in Pommern, vor allem Knieprode und Varzin in der Nähe von Stolp. Hierher zog er sich oft wochenlang zurück, hier plante und entspannte er. 1867 hatte er vom König mit Zustimmung des Abgeordnetenhauses eine Dotation in Höhe von 400 000 Talern erhalten mit der Maßgabe, die hohe Summe in Grund- und Kapitalbesitz anzulegen. Er erwarb damit die Herrschaft Varzin, und nach dem Wunsch des Königs wurde sie unveräußerlicher Familienbesitz. Die Güter umfaßten 5500 Hektar.

Hier führte er ein fürstliches Leben, was in seinen Augen vor allem gutes Essen und Trinken bedeutete. Er wog in seinen besten Jahren 124 Kilo. Ein Gast seiner Tafel beobachtete: „Der Fürst schmauste mit bestem Appetit und echt pommerschem Raffinement. Hummer, Gänsebrust und Gänsesulz, Sprotten und Hering, Rauchfleisch und Pute, eines nach dem anderen sieht man in seinen Magen wandern“. Dazu kamen Tischweine, Sekt und Portweine. Seine Arbeit erledigte er meistens nachts. Abends um neun zog er sich in sein Arbeitszimmer mit den Sekretären und Schreibern zurück, um halb 1 Uhr war die Post abgefertigt, dann folgte eine Teestunde mit seiner Frau, die sich gewöhnlich auf Stunden ausdehnte. Bäder und Kuren halfen wenig, erst als er einen energischen Arzt akzeptierte, nahm er erheblich ab auf 98 Kilogramm. Allerdings stieg bei zunehmender Entfernung des Arztes auch die Eßlust wieder an, so daß die Erfolge nicht von Dauer waren.

Er fand in der Natur Entspannung und Freude: „Wenn ich gefrühstückt und gezeitungt habe, wandre ich mit Jagdstiefeln in die Wälder und entwerfe Schonungen. Es gibt hier Bäche, Moore, Heide, Ginster, Rehe, Auerhähne, undurchdringliche Buchen- und Eichenaufschläge und andere Dinge, an denen

Otto von Bismarck

ich meine Freude habe, wenn ich dem Terzett von Taube, Reiher und Weihe lausche".

Bereits zu Weihnachten 1871, auf dem Höhpunkt seines Triumphes, erkennt er: „Gegen das herannahende Alter ist kein Kraut gewachsen. Ich bin müde, und während ich noch mit dem Leben dieser Welt verknüpft bin, fange ich an, den Reiz der beschaulichen Ruhe zu schätzen. Ich würde am liebsten von der Bühne in eine Zuschauerloge abtreten".

Aber: Auch er hat es schließlich nicht getan.

87

Sikas in den Dünen

Bei der Auseinandersetzung der Weimarer Republik mit den Hohenzollern spielten die 76 Schlösser und Güter des Kaisers und seiner Familie eine besondere Rolle. Viele davon lagen im Osten, allein in der abgetretenen Provinz Posen elf Güter mit einem Wert von 13 Millionen Reichsmark zu Friedenszeiten. Der Grundbesitz, im Sozialismus sträflich unterschätzt, war die typische Kapitalanlage des Adels, daher auch heute noch die alten Begehrlichkeiten trotz der Bodenreform von 1945.

In Ostpreußen war das Gut Wilhelms II., Cadinen, von Gerüchten umgeben, sicher wegen der aus Japan eingeführten Sikas, einer Sorte von Zwerghirschen, die sich in den Schluchten der Dünen rasch vermehrten. Ihre Jagd galt für die passionierten Jäger als etwas ganz Außergewöhnliches. Das Gut selbst jedoch war ein mittelmäßig ertragreicher Landwirtschaftsbetrieb, denn die Höhenunterschiede im Gelände waren beträchtlich, meistens mußten vier Pferde vor die Geräte gespannt werden.

Der Kaiser hatte das Grundstück kaum bewohnt, nachdem er es 1899 erwarb. Er

Schloß Cadinen

wollte es zu einem Musterbetrieb machen und gründete auch eine Majolika-Fabrik, in der die für den Staatskitsch so bezeichnenden Geschenke hergestellt wurden. Nach der Revolution von 1918 florierte sie ganz gut, heute produziert sie Blumentöpfe. Die Kirche im Stil einer Wehranlage, übergroß und ohne Gestühl, wurde lange nicht eingeweiht, das sollte nach dem Kriege geschehen. Das Einmalige an Cadinen war die landschaftlich paradiesische Lage. Wälder, Hügel, Felder, die Küste am Frischen Haff und der Ostsee gingen eine wundervolle Verbindung ein.

Ganz ohne den kitschigen Geschmack des Kaisers ging es natürlich auch auf dem Land nicht ab. Der Dorfteich stank, und Majestät ordneten ein Säuberungsprogramm an. Der Brunnen wurde zugeschüttet, die Fläche eingesät, und ein neuer Brunnen im Stil des Marienburger Schloßziehbrunnens gebaut. Nur – das für ein Jahrtausend gedachte Bauwerk mit seinem schweren Ziegeldach, seiner riesigen Seilwinde und dem großen Holzeimer funktionierte gar nicht. Das Brunnenloch wurde durch die Brüstung nur vorgetäuscht, es war nur 50 Zentimeter tief. Nun sammelte sich hier das Regenwasser und, man kann es sich denken, es stank.

So ist es auch heute noch, man sieht ein schönes Blendwerk, aber erkennt nicht sofort die Quelle seines penetranten Gestanks, ob in der Wirklichkeit oder in Worten, das macht keinen großen Unterschied.

Teilungen im 20. Jahrhundert

Die Grenzen zu unserem Nachbarn Polen waren, auf die Jahrhunderte gesehen, fast immer in Bewegung. In der neueren Geschichte fallen die drei Teilungen Polens im 18. Jahrhundert ins Auge, in unserem Jahrhundert die Grenzziehung nach dem Versailler Vertrag (1919) und nach den Beschlüssen von Jalta und Teheran an der Oder-Neiße-Linie (1945). Der Angriff Deutschlands auf Polen (1939) wurde auch damit begründet, daß die Bestimmungen des Versailler Vertrags korrigiert werden müßten. Bekanntlich erkannte Hitler diesen Friedensvertrag nicht an.

Nach dem Ersten Weltkrieg wurden alle Grenzen Polens seit dem Wiener Vertrag von 1815 wieder neu festgelegt. Dazu gehörte die Entscheidung der Sieger, daß die Provinzen Posen und Westpreußen, mit Ausnahme einiger kleinerer Restgebiete, an Polen fallen. Die Stadt Danzig erhielt den Status einer „Freien Stadt" und wurde dem Völkerbund unterstellt. Damit war die Provinz Ostpreußen, die im Osten um das Memelland verkleinert worden war, vom übrigen Reichsgebiet abgetrennt. Der Landstrich, der dazwischen lag, der Polnische Korridor, wurde wie Ausland behandelt und durfte nur mit Genehmigung betreten werden. Wenn jemand aus Berlin mit dem Zug in die Stadt Danzig fahren wollte, konnte er das zwar tun, aber die Türen und Fenster wurden an der Grenze verschlossen, der Zug durfte nicht verlassen werden.

In Masuren und Oberschlesien waren Volksabstimmungen angeordnet worden, wie übrigens auch in Schleswig, und sie fielen zu Ungunsten Polens aus. Dessen ungeachtet blieben die Grenzregionen auch danach Unruheherde, auf denen die verschiedenen nationalistischen Strömungen beider Seiten sich andauernde Betätigungsfelder suchten. In Danzig und in Oberschlesien entfachten die Nazis besonders häufig ihre Provokationen. Nicht ohne Grund begann hier der Zweite Weltkrieg mit dem Überfall auf den Sender Gleiwitz und die Beschießung der Westernplatte auf der Halbinsel Hela.

Es mag als bitterer Treppenwitz der allmächtigen Geschichte gelten, daß sich Ende April/ Anfang Mai 1945 auf der Halbinsel Hela Hunderttausende Soldaten auf der Flucht, Verwundete, aber auch Frauen und Kinder in einem Kessel wiederfanden und noch auf den Abtransport über See nach Westen hofften.

92

Polnisches Plakat: Sieg über Deutschland und den Deutschen Orden

Die Tragödie ging zu Ende, wo sie begonnen hatte. Es ist von unschätzbarer Bedeutung, daß heute Polen und Deutschland eine sichere Grenze miteinander haben, die vielleicht nicht problemlos funktioniert, aber doch klare Verhältnisse geschaffen hat.

Daher müßten alle mit Revanchegedanken spielenden Mitbürger der allgemeinen Verachtung anheimfallen und verpflichtet werden, vorurteilsfrei in die Geschichtsbücher zu schauen. Das wird sie abkühlen.

Gute, alte Zeiten?

Bei den aktuellen Diskussionen über die Rechtmäßigkeit der Enteignung der großen Ländereien (über 100 ha) 1945 in den östlichen Bundesländern zeigt sich, daß kaum jemand über die Verhältnisse auf den enteigneten Gütern genau informiert ist. Nehmen wir daher eines der zehn größten in Deutschland, die Besitzungen der Fürsten Dohna-Schlobitten in Ostpreußen, einer mit dem Kaiser befreundeten, tonangebenden Familie.

Auf ihren Ländereien waren in der Landwirtschaft 450 Frauen, Männer und Jugendliche als Arbeiter beschäftigt. Dazu kamen 20 Forstarbeiter und im Winter 40 Saison-Holzfäller. Im Sommer arbeiteten noch 20 Frauen in den Pflanzgärten. Schulabgänger wurden als Scharwerker, später Hofgänger angelernt und blieben in der Regel ihr Leben lang auf dem Gut. Die Frauen der Landarbeiter mußten auch mitarbeiten, im Sommerhalbjahr beim Rübenverziehen, dann in der Heu-, Getreide- und Hackfruchternte. Konnte eine nicht mitarbeiten, weil sie schwanger war, mußte ein sogenannter Hofgänger als Ersatz gestellt werden.

Zur Bedienung der fürstlichen Familie stand eine Gruppe von Dienstboten zur Verfügung, geleitet vom Haushofmeister und von der Kastellanin. Zwei Mädchen reinigten jeden Tag die Wohnräume. Zum Haushalt gehörten weiterhin eine Köchin, eine Kammerjungfer, zwei Diener, zwei weitere Hausmädchen, ein Chauffeur, der Kutscher mit dem Stallburschen und ein Gärtner mit einem Gärtnerjungen für den Gemüsegarten. Die beiden jüngeren Kinder wurden von einem Kindermädchen, die älteren von einer Hauslehrerin betreut. Diese Zahl von Bediensteten war nur die Hälfte des vor 1914 angestellten Personals. In den dreißiger Jahren kochte die Schloßküche täglich für 20 Personen. Die Entlohnung der Landarbeiter erfolgte weitgehend in Naturalien. Sie erhielten als Jahreslohn: 19 Zentner Roggen, 2 Zentner Weizen, 1 Zentner Erbsen, 6 Zentner Gerste, 6 Raummeter Hartholz, 6 Raummeter Weichholz, 18 Raummeter Knüppelholz. Auf 250 m² durften Gemüse und Kartoffeln für den Eigenbedarf angebaut werden. Es gab auch etwas Bargeld: Im Sommerhalbjahr wurden brutto 24 Reichsmark, im Winterhalbjahr brutto 16 Reichsmark monatlich gezahlt. Dazu kam die freie Haltung einer Kuh, eines Schweins und diversen Geflügels, wobei jede siebte Gans abgeliefert werden mußte.

Ein typisches brandenburgisches Herrenhaus: hier Möglin

So lagen die Verhältnisse auf den Gütern, wobei sie bei Dohna gewiß noch nicht die schlimmsten waren. Er baute für alleinstehende Alte einfache Häuser, wohin sie nach dem Arbeitsleben aus ihren Gutswohnungen ziehen konnten, so daß sie nicht auf der Straße standen.

Trotz des Geredes von der Volksgemeinschaft während der Nazizeit blieben die sozialen Verhältnisse auf den Gütern im Prinzip unverändert. Der Adel paktierte in seiner Mehrheit mit den braunen Machthabern, wenn auch unter den Männern des 20. Juli 1944 einige, immer wieder als Alibi beschworene, Angehörige von Adelsfamilien waren. Die vielen anderen machten bis zum Ende mit.

Fürst Dohna erhielt aus dem Lastenausgleich 172 000 DM als Entschädigung und kaufte sich dafür in Lörrach ein Grundstück, auf dem er eine chemische Reinigung betrieb. Er ist, wenn auch nicht standesgemäß, so doch gesund vor dem Krieg geflohen und davongekommen. Im Osten erhielten Umsiedler die Möglichkeit, auf den Bodenreformgütern einen kleinen Bauernhof einzurichten.

Es ist für alle völlig sinnlos, die alten Verhältnisse wieder heraufzubeschwören. Wer es auch wollte, er könnte es nicht.

1000 Jahre umstritten

Die Stadt Danzig feierte 1997 ihr angeblich 1000jähriges Bestehen. Es ist aber bekannt und nachgewiesen, daß der gotische Geschichtsschreiber Jordanes den Ort bereits im 6. Jahrhundert erwähnt. 400 Jahre unterschlagen? Die Differenz hängt mit der unterschiedlichen Geschichtsbetrachtung unserer Tage zusammen.

Wie die meisten östlichen Landstriche wurde auch die Gegend um die Halbinsel Hela von deutschen Einwanderern besiedelt. Um den heutigen Langen Markt herum bildete sich die deutsche Stadtgemeinde. Die Mönche aus Stettin gründeten das berühmte Kloster Oliva. Die Stadtregierung ließ nur Deutsche als Bürger zu, nur sie durften Boden erwerben. Die gute Lage der Stadt war die Voraussetzung für den erfolgreichen Handel nach Polen hinein, nach Finnland und Schweden hinauf und im Westen bis nach Portugal. Danzig war eine Perle des hanseatischen Städtebundes.

Es läßt sich denken, wie begehrt die Stadt war, aber sie schützte sich und behielt bei allen Rangeleien und Kriegen um sie die Oberhoheit. Der deutsche Orden kaufte für 10 000 Silbertaler die Stadt von Brandenburg ab, und als

Ostpreußen ein weltliches Herzogtum wurde, blieb sie trotz der Huldigung an den König von Polen selbständig. Sie besaß eine eigene Flagge, Steuern, Zölle, Münzrecht, Gesetzgebung und Gerichtsbarkeit.

Doch die Begehrlichkeiten wuchsen, auch nach der Reformation, der sich die Stadt bereits 1522 anschloß und sich nicht davon abbringen ließ. Alle Angriffe von Polen, Schweden, Russen, Franzosen und sogar Sachsen wehrte sie ab, fremde Soldaten durften nicht in die Stadt. Diese Neutralitätspolitik und der in ihren Mauern herrschende Gewerbefleiß und der erfolgreiche Handel war die Grundlage für ihren Reichtum.

Mit der Neutralität war es aus, als sie bei der zweiten Teilung Polens im Jahre 1793 an Preußen fiel und nach einem Napoleonischen Zwischenspiel auch nach dem Wiener Kongreß blieb. Unter Preußen entwickelten sich die Stadt und ihr Umland, bis nach dem Ersten Weltkrieg die Karten wieder neu gemischt wurden. Seit 1920 war sie die „Freie Stadt Danzig" und stand unter Aufsicht des Völkerbundes. Die engen Beziehungen zu Deutschland blieben verhalten, auch während der Existenz des Polnischen Korridors.

Wiederaufgebautes Krantor in Danzig

Noch einmal sollte die Stadt eine wichtige, jedoch traurige Rolle spielen. Sie diente als Propagandatrumpf gegen den Versailler Vertrag und wurde ein künstlich aufgeblähter Zankapfel zwischen Nazideutschland und Polen. So kam es, daß am 1. September mit den Schüssen auf die Westernplatte der Zweite Weltkrieg begann. Nunmehr wurde die Stadt auf allen Gebieten zu einer NS-Musterstadt entwickelt, um zu beweisen, daß sie schon immer „urdeutsches Land" gewesen sei.

Als die Rote Armee Ostpreußen besetzte, bildete sich um Danzig ein Verteidigungskessel, der keine Landverbindung mehr besaß. Lediglich einige Seetransporte gingen noch bis Mai 1945 nach Holstein und Dänemark, immer bedroht von sowjetischer Marine.

Danzig wurde durch Beschuß und unsinnige Vernichtung nahezu verwüstet, aber in einer beispiellosen Anstrengung baute das neue Polen die alte Stadt wieder auf.

Wie kommt es nun, daß sie statt 1400 Jahre nur 1000 Jahre alt ist? Die neue Zählung beginnt mit einem christlichen Bischof, der neulich beim Papstbesuch sehr geehrte Adalbert von Prag, der hier einige Heiden taufte. In seiner Biographie wird Danzig für das Jahr 997 erwähnt. Noch ein Beispiel für vorurteilsbelastete Geschichtsschreibung?

Provokationen – damals und heute

Über das Ende des Zweiten Weltkriegs wird oft berichtet, wer aber erinnert sich genau an seinen Beginn? Für den propagandistischen Anlaß, einen angeblichen Überfall polnischer Kräfte auf den Sender Gleiwitz, sorgte Hitler selbst. Der mit der praktischen Durchführung betraute SD-Führer, Alfred Naujoks, sagte darüber im Jahre 1946 vor dem Internationalen Gericht in Nürnberg aus:

„Am 10. August 1939 befahl mir Heydrich, der Chef der Sipo und des SD persönlich, einen Anschlag auf die Radiostation Gleiwitz in der Nähe der polnischen Grenze vorzutäuschen und es so erscheinen zu lassen, als wären Polen die Angreifer gewesen. Ich fuhr nach Gleiwitz und wartete dort 14 Tage. Zwischen dem 25. und 31. August suchte ich Heinrich Mueller, den Chef der Gestapo auf, der sich damals in der Nähe von Oppeln befand. In meiner Gegenwart erörterte Mueller einem Mann namens Mehlhorn Pläne für einen Grenzfall, in dem vorgetäuscht werden sollte, daß polnische Soldaten deutsche Truppen angreifen. Mueller sagte, er hätte 12 oder 13 verurteilte Verbrecher, denen polnische Uniformen angezogen werden sollten und deren Leichen auf

Titelseite des „Hamburger Mittagsblatt" vom 1. September 1939

dem Schauplatz der Vorfälle liegengelassen werden sollten. Für diesen Zweck war eine tödliche Einspritzung vorgesehen, dann sollten ihnen auch Schußwunden zugefügt werden. Mueller sagte mir, daß er von Heydrich Befehl hatte, einen dieser Verbrecher mir zur Verfügung zu stellen für meine Tätigkeit in Gleiwitz. Das Kennwort war ‚Konserve'.

Am Mittag des 31. August bekam ich von Heydrich per Telefon das Schlüsselwort, daß der Anschlag um 8 Uhr abends desselben Tages zu erfolgen habe. Ich wies Mueller an, den Mann in der Nähe der Radiostation an mich abzuliefern. Ich erhielt diesen Mann und ließ ihn am Eingang der Station hinlegen. Er war am Leben, aber nicht bei Bewußtsein. Ich sah keine Schußwunden, nur eine Menge Blut über sein ganzes Gesicht verschmiert.

Wir nahmen die Radiostation, wie befohlen, hielten eine drei oder vier Minuten lange Rede über einen Notsender, schossen einige Pistolenschüsse ab und verließen den Platz".

In der Rede, die ein polnisch sprechender Deutscher vortrug, hieß es, daß die Zeit für eine Auseinandersetzung zwischen Polen und Deutschland gekommen sei, und daß die Polen sich zusammentun und jeden Deutschen, der ihnen Widerstand leistet, niederschlagen sollten. Am nächsten Tag hielt Hitler seine Rede vor dem Reichstag, er sagte: „Seit 5.45 Uhr wird zurückgeschossen!", und auf einem Eisenbahnwagen, der Truppen an die Front fuhr, hatte ein Soldat geschrieben: „Wir fahren nach Polen, um Juden zu versohlen".

Vielleicht werden Sie sagen, das waren Verblendungen vor vielen Jahren. Aber nein, lesen Sie im Wochenendjournal der Märkischen Oderzeitung vom 25. März 1995 auf Seite 3, wie ein Redaktionsmitglied den Satz einer Interviewpartnerin: „Die Russen wurden als grausame Monster beschrieben, ich konnte das nicht glauben", kommentiert: „Die nächsten Wochen sollten zeigen, daß sie sich geirrt hatte". – Wo ist da der Unterschied? Und als die Frau Angehörige des Volkes der Kalmücken erwähnt, beobachtet der brave Journalist, wie sie die Augenlider zu Schlitzen zusammenzieht, und natürlich machen diese Völker auf Mädchen und junge Frauen Jagd. Gewöhnlicher Rassismus, so wie ihn der Soldat auf den Eisenbahnwagen geschrieben hat, lebt heute wieder in einer sich demokratisch und unabhängig nennenden Zeitung, die sich hoffentlich bei ihren Lesern dafür entschuldigt und bei Russen und Kalmücken.

Kreisau/Kryzowa

Fast unbemerkt ging zu später Sunde ein Fernsehfilm des ORB über den Bildschirm, der größere Aufmerksamkeit verdient hätte. Eberhard Görner aus Bad Freienwalde zeichnete ein Bild aus dem Aufbau des alten Gutshauses Kreisau, jetzt Kryzowa, in Niederschlesien auf. In hügeliger Landschaft – man könnte meinen, sie sei noch belassen wie nach dem Krieg – werden hier Schloß und Gutshof und das ehemalige Inspektorenhaus, der „Berghof" wieder instandgesetzt.

Es geht jedoch nicht um die hier immer ansässige Landwirtschaft, sondern um ein Werk mit hoher Zielsetzung, um eine Europäische Begegnungsstätte. Bundeskanzler Kohl und der damalige polnische Ministerpräsident Masowiezki statteten der kleinen Gemeinde am Fuß der Sudeten einen demonstrativen Besuch ab und beschlossen vor ein paar Jahren, hier mit dem Fonds der deutsch-polnischen Gesellschaft, gespeist vor allem aus Mitteln des Außenministeriums, etwas für die Verständigung der Jugend beider Länder zu tun.

Das Gutshaus war ein Geschenk des Kaisers an den damaligen Generalfeldmarschall von

Moltke, dem Kopf der Siege über Österreich und Frankreich, für seine Verdienste. Sein Grab liegt in einem Mausoleum nicht weit vom Gutshof entfernt und ist völlig verfallen, die Familiengräber ausgeraubt und überwachsen.

Doch nicht wegen des genialen Feldherrn baut man hier, sondern wegen des Kreisauer Kreises, eines Gesprächskreises von Widerstandskämpfern gegen den Faschismus.

Der damalige Besitzer und Urenkel des Militärs, Helmut James Graf von Moltke, versammelte hier Gesinnungsfreunde aus allen politischen Lagern. Mit seinen Freunden York von Wartenburg und Adolf Reichwein, die sich aus den schlesischen Arbeitsdienstlagern der Wandervögel am Bober kannten, in denen sie während der Weimarer Republik ihre Sommerferien nützlich verbrachten, wie übrigens auch Claus Stauffenberg, luden sie auch Männer beider christlichen Konfessionen und nachdenklich gewordene Militärs ein. Dreimal zu Pfingsten (1941/42/43) trafen sie sich im Kreisauer Berghaus, sonst in der Berliner Wohnung von York in der Hortensienstraße.

Ihr Thema: Wie soll das neue Deutschland nach Hitler aussehen? Sie dachten in größeren

Begegnungsstätte Schloß Kreisau/Kryzowa

Maßstäben, im Geist einer neuen, wir würden heute sagen basisdemokratischen Verfassung, die durchaus Züge der 1918 von der
USPD angestrebten Räterepublik enthielt. Es
wurde gründlich gearbeitet, nicht geschwätzt.
Nur wenige Dokumente sind erhalten, geben
aber erstaunliche Auskünfte. Erstaunlich
auch, daß sie nach 1945 kaum zur Kenntnis
und Prüfung genommen wurden, obwohl ein
Teilnehmer, der CDU-Politiker Gersten-
maier, davongekommen war und leitende

Funktionen im Westen bekleidete. Die anderen wurden fast alle gehängt, Moltke noch kurz vor Toresschluß. In der Todeszelle schrieb er einen Bericht über seine „Verhandlung" im Volksgerichtshof. In ihm heißt es: „Ergebnis dieser Vernehmung gegen mich: Ganz Kreisau und jede dazu gehörige Teilunterhaltung ist Vorbereitung zum Hochverrat". „Wir werden gehängt, weil wir zusammen gedacht haben", schrieb er aus dem Gefängnis an seine Frau Freya, die trotz ihres hohen Alters aktiv an der Arbeit des Kuratoriums teilnimmt. Sie galt 1945 als verräterisch und fand keinen Platz in Deutschland und lebt heute mit ihren Kindern in den USA. In einem Gespräch vor Jahren sagte sie mir, daß Moltke seinen Landarbeitern im Februar 1933 in einer Versammlung geraten hatte, sie sollten Thälmann wählen. Der hätte recht: Wer Hitler wählt, wählt den Krieg!

Beide wurden umgebracht. Es sind immer die besten Köpfe, die man hängt.

Das Ende

Wenn man vom alten Potsdam spricht, kommt die Rede meist auf das Infanterieregiment 9, den Nachfolger der Königlichen Garde, im Soldatenslang auch „Graf 9" genannt, wegen seines hohen Anteils an Adligen. 18 seiner Offiziere gehörten zu den Mitverschworenen des 20. Juli 1944. Was ist aus diesem Regiment geworden? Es wurde mehrmals aufgestellt und mehrmals wieder vernichtet, bis zum Schluß keine Mannschaft mehr da war.

Den eigentlichen Kern des Regiments treffen wir noch Mitte Dezember 1944 auf der Kurlandinsel Oesel an, wo es auf der Südspitze, der Halbinsel Sworbe, lag. Die gelandete Rote Armee vernichtete jeden Widerstand, von einem Bataillon blieben nur drei Soldaten, die sich auf ein Sturmboot retten konnten.

Mit ganz jungen Rekruten wird in Ostpreußen, in den Masuren, das Regiment noch einmal aufgestellt. Im Januar 1945 marschierten die Jungen und einige Versprengte zwei Tage und zwei Nächte und landen in einem Kessel. In der Kompanie des Feldwebels der Reserve, Hermann Priebe, stehen noch 60 Soldaten.

Er berichtet: „Hier galt nicht mehr die Überzeugung, unsere eigene Lebensordnung zu verteidigen, wir fühlten uns von einer nicht mehr anerkannten Macht sinnlos eingesetzt und also zwischen den Fronten geopfert. Dann stand ich vor einem russischen Panzer. Der Schütze spielte mit seiner Kanone, so stark fühlte er sich, ich spürte seine Augen auf mir, er war Herr über mein Leben. Dann erzitterte die Luft von der Stalinorgel. So mußte es sein, wenn sich die Schlünde der Hölle öffneten. Da gab es bald keine Kompanie mehr, keine Kameraden, wer noch lebte, war irgendwo in Deckung. Ich stand allein. Da sprang der Regimentskommandeur aus einem Panzerfahrzeug mit gezogener Pistole auf mich zu: ‚Wo ist Ihre Kompanie?‘ Mir war, als ob der Schrei dieser militärischen, dieser deutschen Katastrophe selbst die Stalinorgel übertönte. Da schlug die Granate neben mir ein. Nun galt kein Befehl mehr. Der Abschied von den letzten Männern der 1. Kompanie in den Schneelöchern war zugleich der Abschied von einer ganzen Welt, die mit dem Infanterieregiment 9 und seiner preußischen Tradition zugrunde ging“.

Hermann Priebe erfährt nicht, daß noch einmal, im März 1945, in Potsdam der Versuch gemacht wird, das Regiment neu aufzustellen.

112

Das Ausbildungsbataillon marschiert nunmehr als Feldbataillon 9 über Zossen nach Müllrose, wird der 9. Armee zugeteilt und an der Oderfront eingesetzt, wo es in den mörderischen Schlachten untergeht. Das in Potsdam verbliebene Ersatzbataillon verblutet mit der Armee Wenck in der Nähe von Ferch. Es hatte nichts mehr geholfen, auch nicht der Befehl an eine Gruppe von Offiziersbewerbern, in dem Eckzimmer des Potsdamer Schlosses mit Blick auf die Lange Brücke, ein Maschinengewehrnest einzurichten.

An die vielen verheizten jungen Kerls seines Jahrgangs denkt der Autor, glücklich dem Krieg entronnen, mit einem Goethe-Wort:
„ Wohl kamst du durch; so ging es allenfalls.
Mach's einer nach und breche nicht den Hals."

Slonsk/Sonnenburg

Wer Sinn für Architektur hat, erkennt im spät-
gotischen Turm der Kirche einen Schinkel-
Bau, also wird ein besonderes Interesse
bestanden haben, diesen kleinen Ort aus den
übrigen Landstädtchen der Neumark heraus-
zuheben. Und in der Tat hat die Kirche schon
so manches feierliche Spektakel gesehen,
diente sie doch bis in die Zwanzigerjahre dazu,
hier den neugewonnenen Rittern des Johanni-
terordens die Weihen durch den Ritterschlag
zu geben. Ausersehen wurde gerade dieser Ort
in Brandenburg, weil hier die Ballei, das Ver-
waltungszentrum des brandenburgischen
Ordenszweiges, eingerichtet war. Die Ballei
Brandenburg hatte seit 1382 eine gewisse Selb-
ständigkeit errungen, was wohl der Tatsache
geschuldet war, daß die Wege nach dem Osten
von Zypern oder Rhodos aus, wo die Groß-
meister ihren Sitz hatten – später zogen sie
nach Malta –, nicht gut zu regieren waren.

Im Jahre 1806 wurde auch dieser Orden aufgehoben. Seine Ritter, die noch den rechtmäßi-
gen Ritterschlag erhalten hatten, ließ das
jedoch nicht ruhen, und so richteten sie wieder ein Ordenskapitel mit der erforderlichen
Ballei in Sonnenburg ein (1852). Die Ritter

Schloßruine Sonnenburg/Slonsk, nach dem Brand von 1968

vollzogen zwar noch alle zwei Jahre ihre Rituale, aber ihre Ziele waren glücklicherweise nicht mehr militärisch geprägt, sondern beschränkten sich auf karitative Aufgaben.

Die Burg war nach den Zerstörungen des Dreißigjährigen Kriegs wieder aufgebaut worden und überstand die Zeiten einigermaßen glücklich, da solide gebaut. Auch der Zweite Weltkrieg und die Vandalismen der Nachkriegsjahre hatten die Substanz nicht gefährdet. Der polnische Staat ging an die Restaurierung, doch nach zwei Jahren intensiver Arbeit setzte ein Brand allen Bemühungen ein Ende.

Schon einmal erlebte Sonnenburg eine grausame Szene. Im Zuchthaus wurden die 600 meist politischen Häftlinge im Jahre 1945 auf den Hof geführt und von der SS allesamt mit Maschinengewehren umgebracht. Die Regimegegner der Faschisten sollten keine Gelegenheit erhalten, am Bau eines neuen Deutschland teilzunehmen. Das furchtbare Geschehen ist heute fast vergessen, verdient aber als Kriegsverbrechen in die Erinnerung unseres Volkes einzugehen, ein Kriegsverbrechen an den eigenen Landsleuten „fünf Minuten vor Zwölf". Die Mörder entkamen unerkannt, vielleicht leben noch einige als Bezieher auskömmlicher Renten unter uns.

Ob die idyllische Lage des Stätchens den heutigen Besucher anziehen kann? Den Ornithologen bestimmt, findet er doch hier ein wahres Vogelparadies vor, in dem sich rund 80 Vogelarten niedergelassen haben. Die Wiesen und Moorflächen, die Kanäle, Bäche und Flußarme haben ihnen – soweit das heute noch möglich ist – eine ungestörte Heimat gegeben. Der Weg dahin ist von Küstrin nicht weit, wenn man die Landstraße 133 nimmt. Will man die Vögel beobachten, fährt man weiter nach Norden bis zum Dorf Przyborow.

Richter Temme

Der deutsche Liberalismus entstand in den Kämpfen am Vorabend und während der Revolution vor 150 Jahren, und seine Anhänger waren häufig Intellektuelle, weshalb das Parlament in der Frankfurter Paulskirche auch „Professorenparlament" genannt wurde. Hier liegen die stärksten Wurzeln eines demokratischen Staatswesens in Deutschland, die heute manchmal vergessen sind. Es ging den damaligen Liberalen nicht um die Maximierung des Profits von Aktionären, sondern um Einigkeit und Recht und Freiheit. Der berühmte, unerschrockene Germanist Gottfried Gervinus formulierte die Ziele des damaligen Liberalismus als Herrschaft des Volkswillens: „Die politische Gleichheit aber, wenn sie nicht Ausdruck der gleichen Unterdrückung unter der Despotie ist, verlangt die Herrschaft des Volkswillens nach der Entscheidung der Mehrheit; bedingt eine Regierung, die nicht auf die Vorspiegelung eines göttlichen Rechts gegründet ist, sondern auf die Notwendigkeit; erfordert eine Gesetzgebung, die auf den Bedürfnissen der Gesellschaft ruht, über das die Gesamtheit selber ruht".

Offensichtlich richtete sich die Losung des Volkswillens gegen das immer noch als

Grundlage der monarchistischen Herrschaft propagierte Gottesgnadentum. Zahlreiche Richter vertraten demokratische Auffassungen, wenn auch nur wenige auf der linken Seite der Demokratie. Einer von ihnen war Jodokus Temme. Auch er hielt die juristische Praxis gegen Demokraten, die allein wegen ihrer Teilnahme am Hambacher Fest (1832) nach anfänglichen Freisprüchen dann mit Zuchthaus verfolgt wurden, für menschenverachtend. Der bayerische König hatte sogar Zuchtpolizeigerichte gegründet.

Jodokus Temme sollte schwer büßen, daß er seinen Freiheitswillen nicht nur heimlich gepflegt sondern auch, in Berlin und Frankfurt, als Parlamentarier praktiziert hatte. Zweimal wurde er dafür wegen Hochverrats verhaftet und angeklagt. Zwar sprachen ihn die Kollegen beide Male frei, doch ein Disziplinarverfahren holte nach, was mit gerichtlichen Mitteln nicht erreicht werden konnte: Er wurde aus dem Amt gejagt, dem er länger als dreißig Jahre lang gedient hatte.

Nun mußte er das Geld für seine Familie auf andere Art verdienen. Als Chefredakteur machte man ihm das Leben in Breslau schwer, als Rechtsberater ebenso, so blieb ihm nichts anderes übrig, als ins Exil zu gehen. In der

Schweiz nahm man ihn auf und betraute ihn mit einer Professur, die er in Breslau nicht erreichen konnte. Allerdings wollte die Deutsche Fortschrittspartei ihn zum Abgeordneten haben und stellte ihn 1863 als Kandidaten auf. Er versagte sich diesem Ruf nicht. Doch die Schikanen gingen weiter, man wollte ihm einen neuen Maulkorb umbinden, und so ging er an die Züricher Universität zurück.

In seinen Erinnerungen bekennt er seine Auffassungen an der entscheidenden Frage für jede Demokratie, der Stellung zu den Andersdenkenden, in diesem Fall zu den Juden. Trotz des Hardenbergschen Judenedikts von 1810 waren die Juden nicht gleichberechtigt. Noch in den Zeiten des Vormärz verwehrte man ihnen die Anstellung in den Justizdienst. Als damaliger Direktor des Land- und Stadtgerichtes zu Tilsit, an dem immerhin 17 Richter arbeiteten, setzte er sich für die Aufnahme von jüdischen Richtern ein. In einer Diskussion wurde er gefragt: „Möchten Sie, daß alle Ihre siebzehn Richter Juden wären?" – Er antwortete daraufhin lakonisch: „Das Gericht zu Tilsit würde dann unzweifelhaft zu den besten des preußischen Staates gehören."

Völkerfrühling

Die Feiern zum 150. Jahrestag der Revolution von 1848 und die dazu gehörenden Gedenkartikel berücksichtigen die merkwürdigsten Aspekte der Ereignisse. So werden wir daran erinnert, daß eine der neuen Errungenschaften das Recht war, auf öffentlichen Straßen und Plätzen zu rauchen. Es galt als ein Zeichen von Demokratie, da es alle egalisierte, Reiche und Niedere. Die Zigarrendreher waren schließlich eine wichtige Abteilung der jungen Arbeiterschaft. Wer rauchte, galt der Polizei als „Wühler und Volksverhetzer", aber nur bis zum 19. März 1848. Der Unternehmer Werner von Siemens berichtet in seinen Memoiren von einer heute als Possenstück anmutenden Szene. Als die Berliner das Schloß stürmen wollten, verhinderte das ein junger Mann, Fürst Lichnowski, mit der Mitteilung, der König werde sich weiterhin nicht mehr auf das Militär, sondern auf das Volk verlassen und habe daher alle Forderungen bewilligt. Aus der Menge rief jemand: „Ooch det Roochen?" – „Ja, auch das Rauchen!" – „Ooch im Tiergarten?" – „Ja, auch im Tiergarten darf geraucht werden, meine Herren!" Und danach zogen die Revolutionäre zufrieden vom Schloßplatz ab, bis die Schüsse fielen.

Die heitere Episode darf nicht bemänteln, daß es sich um ernste, in Jahrzehnten angestaute Probleme handelte, die zur Entscheidung drängten, und das nicht nur in Berlin, wie es heute in Deutschland scheinen mag. Die Revolution war eine zutiefst europäische Bewegung. Sie ging, wie schon mehrfach, von Paris aus, wo nach dem Aufstand der Arbeiter und Kleinbürger Ende Februar die Republik ausgerufen wurde. Die Erhebung griff auf West- und Südwestdeutschland über, danach Mitte März auf Wien und weiter auf Budapest. Dann, am 18. März, entbrannten die bewaffneten Kämpfe im Zentrum Berlins und führten schließlich zum Abzug des Militärs. Die Welle brandete weiter, neben den Tschechen und Slowaken kamen die Balkanvölker hinzu. Im März schlossen sich die Polen an.

In Polen war mehrfach für Freiheit und Recht gekämpft worden. Die fortschrittlichste Verfassung außerhalb Frankreichs schloß eine Reformperiode ab, die das erstarrte polnische Staatssystem beenden sollte (1791). Doch die Nachbarn Preußen, Rußland und Österreich sahen die eigenen Ordnungen, die absoluten Monarchien, bedroht. Unter einem Vorwand teilten sie das Land zum zweiten Mal unter Rußland und Preußen auf (1793), und als dagegen sich die polnischen Patrioten unter Kosci-

Polnischer Freiheitskämpfer
(Sensenträger) um 1830

uszko erhoben, schlugen sie ein drittes Mal zu
und teilten nun alles zu dritt, auch der kleine
Reststaat war zerschlagen.

Gegen diese Willkür kämpfte die polnische
Jugend außerhalb des Landes. Die „Polnische
Legion" stand im Dienst Napoleons, und nach
seinem Sieg über Preußen stellte er das „Her-

zogtum Warschau" her, das außer Westpreußen alle Gebiete des alten Staates umfaßte. Der Wiener Kongreß (1815) teilte das Land erneut, die Lage dieses „Kongreßpolen" war noch komplizierter und unbefriedigender als vorher. Es ist klar, daß kein Pole damit einverstanden sein konnte.

Die erste Erhebung zeigte sich im Gefolge des Pariser Aufstands 1830/31, aber auch die Erhebung im österreichischen Teil (1846) und nun in Posen verliefen erfolglos. Die bis dahin freie Stadt Krakau kam zu Österreich, und das Großherzogtum wurde zur preußischen Provinz Posen.

Wie alle Aufstände und revolutionären Erhebungen in den Jahren 1848/49 verliefen auch die nationalen Bemühungen in Polen erfolglos. Die Interessen der Unterdrücker, der nationalen Bourgeoisie und der Nachbarländer, waren zu unterschiedlich und wurden chauvinistisch mißbraucht. Die zum ersten Mal kräftig in Erscheinung getretene Arbeiterschaft befand sich in den östlichen Ländern noch in unterentwickeltem Zustand. Der Frühling 1848 hatte nicht zum europäischen Völkerfrühling geführt. Im Gegenteil, seit dem Frühsommer begann überall die Gegenrevolution die zarten Pflänzlein auszutreten.

Der nationale Befreiungskampf der ost- und südosteuropäischen Völker ging weiter und dauerte bis in die Mitte unseres Jahrhunderts an und zeigt seine Folgen auch noch heute.

Die demokratische Errungenschaft des öffentlichen Rauchens hat sich inzwischen als ein Irrtum erwiesen. Weder öffentlich noch intern befördert das Rauchen demokratische Verhältnisse, im Gegenteil, es belastet die Gesundheit des einzelnen und die Kassen der Gesellschaft. Aber das konnte man vor 150 Jahren noch nicht wissen.

Vom ewigen Frieden

Es ist jetzt bereits gut 200 Jahre her, daß Immanuel Kant aus Königsberg als erster Philosoph die politische Kategorie des Friedens eingeführt hat. Wahrscheinlich hat er den Baseler Frieden zwischen Preußen und Frankreich zum Anlaß genommen, in einer kleinen Schrift ein gewaltiges und überzeugendes Gedankengebäude aufzubauen. Gewaltig, weil es einem den Atem nimmt, wenn man es durchdenkt. „Zum ewigen Frieden" nennt er die Schrift, und er verlegt ihn nicht in die Wolken oder in eine weite Ferne, sondern verlangt den sozialen Frieden, die Vermeidung von Konflikten, ohne zeitliche und geographische Begrenzungen. Bisher hieß es mit dem alten Römer Vegetius: „Wenn du den Frieden willst, so rüste für den Krieg". Kant setzt statt dessen auf die Weisheit: „Wenn du Frieden willst, so sorge dafür, daß statt der Gewalt das Recht herrscht!"

Die Voraussetzung dafür ist eine republikanische Verfassung in allen Staaten. Damit würde auch zwischen den Staaten das gleiche Recht herrschen. Dazu ist die Abschaffung der Geheimdiplomatie und die Errichtung einer öffentlichen Behandlung der Friedensangele-

Wohnhaus Immanuel Kants in Königsberg/Kaliningrad

genheiten erforderlich. Staatsrecht, Völkerrecht und Weltbürgerrecht sollen zu einem Gesamtrecht verbunden werden, das überschaubar ist und für alle gilt. Hier finden wir in philosophischer Gestalt die Ideen der Französischen Revolution wieder. Die Politik soll sich nicht mehr, wie bisher – und hinzugefügt werden muß: bis heute noch – damit herausreden können, daß Friede und Freiheit nur ein schöner Traum sind, sondern die rechtsmoralischen Grundsätze als Richtschnur nehmen, um eine Weltrepublik anzustreben.

Also keine religiösen Redereien, die wie Moral klingen, sondern klare Verhaltensregeln für

Politiker, die zu gern die Bibel bemühen, die Kruzifixe und süßen Legenden, um ihre Schandtaten zu verbergen. Kant ist kein Moralapostel, sondern ein Vordenker für die Politik und damit erst eigentlicher Philosoph, was die modischen Vertreter seines Fachs heute vergessen. Kein Widerspruch mehr zwischen theoretischem und praktischem Denken, sondern normale Ergänzung. Der ach so gelobte Pragmatismus nach dem Motto: „Wir müssen den Dingen ins Auge sehen", erweist sich als ungesteuerte Fehlentwicklung in den neuen Konflikt. Was soll nun dieser Weltstaat tun, diese UNO, wie wir sagen würden?

Er hat zwei Aufgaben, nur zwei, doch die umfassen alle wichtigen Aspekte weltweiter menschlicher Kommunikation: Er soll Leib, Leben und Eigentum der Bürger schützen und ihre politische und kulturelle Selbstbestimmung garantieren. Kants Schrift wird schnell verbreitet und begeistert diskutiert von den Intellektuellen. Das revolutionäre Frankreich begrüßt ihn als einen der seinen. Würde sich die UNO daran orientieren, würden alle Völker den Ideen Immanuel Kants zustimmen, sähe es besser aus in dieser Welt. Dann würde auch unser Volk zu allen Nachbarn wieder freundschaftliche Beziehungen aufbauen und nicht nur mit dem Scheckbuch wedeln.

Nakel a. d. Netze